新史学

观 古 今 中 西 之 变

法国大革命史译丛

英国激进主义与法国大革命

1789-1815

[英] 哈里·狄金森 著

辛旭 译

British Radicalism and the French Revolution

1789-1815

北京师范大学出版集团
BEIJING NORMAL UNIVERSITY PUBLISHING GROUP
北京师范大学出版社

前　言

　　发生在 1688—1689 年的光荣革命终结了英国历代君主试图在不列颠建立绝对政府体系的目标。这一温和革命生出有限政府的形式，君主在这一体系内倘不能与议会合作则无法有效统治，国王与其宰辅只能在法律原则下进行统治。不过，这并非创造了民主政体。君主仍然掌控着英国国家官僚体系、教会系统、军队与海事方面委任大臣与官员的权力。这就使得君主能对那些安坐于上、下两院的多数人施加相当大的影响力。能坐在两院立法的这些人主要是大地产所有者、富裕的金融家、大商人、律师以及海陆军队的官员。当选下议院议员要拜占英国人口总数 20％ 的成年男性投票所赐，而这些具有投票权的男人主要是中产阶层的农场主、商人、手工匠人和律师。当选的下议院议员则为着代表广大乡村与历史悠久的城镇利益。那些在 18 世纪发展起来的新工业城市如曼彻斯特、伯明翰、谢菲尔德，都没有权利选举自己的下议院议员。因此，英国 18 世纪的政治体系不是为着所有人的利益都能有所代表，而是只为着代表某些非常富裕的男性或至少是为代表中产者的利益。

　　18 世纪最后几十年，由于商业利益需求、工业化发展以及城市扩张，此政治体系弊端引发的诸多不满也日益增长，并因此带来英国社会与经济变革。大城市里的中产阶级男性与知识分子们开始主张政治改革，要求赋予更多男性以投票权，允许新的工业城市选举自己的下议院议员，并且要将选举常规化，每年都进行大选。其中有少数改革者希望能将投票权赋予所有成年男性。到18世纪80年代早期，议会里开始讨论改革提案。这样看，温和适度的改革是有可能在著名的《1832年改革法案》通过前就可以达成的。不过，1789年法国大革命的爆发，阻碍了这一切可能的发生。

1789年刚刚爆发的法国大革命使得法国比起同期的英国更加激进也更加民主，这让英国激进分子备受感召并力图效仿。遗憾的是，这种激进政治变革的和平面相在法国国内并未持续下去。更加激进极端的政治诉求导致以法王路易十六连同法国贵族，奥地利、普鲁士保守君主们一起坚决反抗激烈变革，这种反对力量毁灭了激进宪政变革中的和平努力。因之而来的系列法国事件也就变得越来越激进暴力，逐步走向恐怖统治并引发内外战争。18世纪90年代末，出于对法国陷入政治混乱局势的担忧，导致拿破仑·波拿巴这位功勋卓著的法国将军开启了军事独裁统治，从而结束了更自由的法国政治体制的进展。法国局势的进程令英国人尤其是有产精英与社会中等阶层人士震惊。他们决意抵抗英国改革者希冀追随并效仿法国模式的努力。法国大革命先是鼓舞了英国激进分子要求改革政治体制，甚至也鼓励了一些爱尔兰激进分子试图在1798年发动暴力革命；不过之后的法国事件却成为说服许多不列颠有产精英反对政治改革的理由。只有当拿破仑军事独裁体制已然证明，法国的追求不再是民主政治变革了，不列颠精英才开始不再反对在不列颠开展任何形式的政治改革运动。这种观点上的改变受到了由英国商业发展、工业化进程和城市扩张所引起的持续的社会、经济变革的影响。1815年，英国改革者重又发起议会改革运动。因此，英国改革运动的兴起、衰落与再兴，与 1789 年至 1815 年法国国内的政治局势发展紧密相连。对这些变化的阐释与分析就是本书的主题也是所欲解决的问题。

1789—1815 年不列颠内部的政治进程，很长时间以来都是英国历史学家们的研究热点。本书试图提供这几十年来几代杰出历史学家就这一主题所做研究的一份清晰的概要与综合。自这本书首次在英格兰的牛津印刷出版后，学界已有一些新的研究出现。这些新研究并没有改变本书观点，但它们加强了本书的论据。这些新的成果作为参考文献附列其后，供大家参考。我很感激四川大学辛旭博士译介本书的努力。她的翻译使得更多的中国历史学人与感兴趣的读者能够了解英国 18 世纪晚期、19 世纪早期这些异常重要的事态发展。中国学人和学生们从这份薄薄的小册子里可以窥见 18 世纪 90年代那些勇敢的英国激进主义者在政治改革的努力中所遭遇的诸多困难和苦痛，不过，也要清楚知道，除爱尔兰那些武装颠覆国家的激进主义者外，只有个别激进分子被判刑处死。这本小书还将让我们看到英国是如何避免发生暴力革命，逐渐学会通过进化方式缓缓取得进步的。英国的主要宪法与政治制度是从 1689 年至今逐渐发生嬗变的。相反，法国在 1789年以迅猛而又暴烈的革命终结了强有力的君主统治，却在国内暴力与国外战争连绵多年之后，于 1815 年复辟。由 1789年大革命制造的这种分流，从来都未复原。自那之后，法国宪法频繁更迭，而 1789 年至今其政治体制则更是历经多种形式：三次君主立宪、两次帝制、五次共和体制。

哈里·狄金森
爱丁堡大学

目　录

附　录

插图目录

第一章　英国雅各宾派

起源与影响

从 1789 年最初激动人心的那几个月开始，以及随后的许多年间，法国大革命都刺激着英国内部激烈的政治辩论，公众围绕着英国宪法改革问题的讨论出现了深刻的两极分化。不过，这种形势并没有创造出一种全面鼓动政治改革呼声兴起的情境。早在 1789 年之前，英国的社会、经济变革已经刺激了激进主义的产生。此外就对政治目标的影响而言，法国大革命也不是唯一的来源，那些英国激进派的意识形态或方法也产生了影响，不久之后，他们被称为英国雅各宾派。18世纪 90 年代的英国激进分子们，早已从对于寡头统治的长久敌意以及对 18 世纪英国贵族社会等级制的批判传统中，汲取了部分灵感与诸多思想。

到了 18 世纪后期，英国社会、经济的大发展正合力创造出一种不断增长的对贵族精英权力及其政策加以批评的意见氛围。这些变化对英国中等阶层，尤其是那些居住在城市地区的人们的政治意识，所产生的影响最为巨大。然而，经济危机和社会动乱也吸引了许多技艺娴熟的手艺人及工匠加入到政治改革浪潮中。18世纪晚期,英国人口迅速增加,在较大城市的中心地带增长尤为剧烈。伦敦居民人口已经接近100万,同时,伯明翰、布里斯托、爱丁堡、格拉斯哥、利兹、利物浦、曼彻斯特、萨瑟克(Southwark)的人口总数也都增加到5万~8.5万人。另有十多个城镇的居民增加至2.5万~5万人,至少有20多个城镇人口超过了1万。人口增加以及城市扩充必须要靠农业、商业、制造业的高度经济扩张来支撑。反过来,这些改变也生发出一个愈益壮大的中产阶层来。伴随着财富的日益增长与受教育水平的提升,他们开始谋求更高的社会地位以及更大的政治影响力。地产精英的政治决策对中等阶层的财富状况影响甚巨,许多中等阶层民众对此种政治依赖充满厌憎之情。政治上的虚弱产生的经济后果就是苛捐杂税的沉重负担稳步地从大地主那里转嫁到了那些生产、售卖和使用大众消费品的人们身上。更有甚者,政府的政策会带来战争,而战争不但会扰乱贸易秩序,也导致了对贸易与手工业者商业活动的立法限制。这种种牢骚不平之气,也可以在一些非常低的社会阶层民众如小店主、商人、工匠身上感知得到。而贫困的劳工阶层面临物价上涨、工资水平不断降低的局面,却得不到任何保护。特别是当这些状况可以直接追溯到雇主的自私或统治阶级的某些特殊政策时,他们便会表达出对统治精英的强烈愤恨。

18世纪许多城市的人口充分增长,经济模式转型,使得这些城市中心的政治文化在广度上得到扩展,并变得愈加复杂。这种生机勃勃的政治文化尤其使中等阶层能够创建他们自己独立的组织机构,表达他们对于公共事务的见解,发展他们自己的政治权利与自由的先进理念。俱乐部与会社使中等阶层能够结合在一起相互支持，自我组织，以从贵族精英的掌控中独立出来。这些协会的成员们学着不借助贵族的领导而由他们自己组织活动。他们对于统治精英的批判精神日渐增长，并最终将这些组织变为协同开展政治活动的工具，用以挑战社会高等阶层的政治影响力。这些俱乐部和社团最初是为着社交或者娱乐而兴起的，但是很快就变得更具教育性和政治性，并且由此形成了一个全国性的交通网络，随后被政治激进主义者开发利用。

快速扩张的报刊是这些社团成员获取丰富政治信息与自由主义意识形态的途径，倘若没有它们，这些社团是不可能益发政治化的。18 世纪晚期，仅伦敦就有 13 种日报、10 种一周发行三次的报纸，而在地方上，周报数目已超过 50 种。到 1775 年，报纸的年销售总量高达 1250 万份，截至 1793 年，其年销售量已达到 1700 万份。除此之外，还有无数月刊登载大量政治信息及宣传文字，而在每一次政治危机中，也会产生数目众多的独立小册子。在较为成功的出版物中，它们大多都在政治上反对内阁。这些繁盛无比、发行量巨大的报刊在鼓舞大众批判政府精英以及使他们知晓改革政治系统的建议方面扮演了重要角色。政府精英的反对者们在法国大革命爆发很久之前，就已经通过出版物来从事政治宣传运动了。这些人反对执政者权力的日益膨胀及腐败，而政府恰是通过这种手段使议会独立与国家自由遭到了破坏。他们针对王室庇护权展开常规攻击，但持久的要求则是经济改革，他们希冀借此减少王室庇护权，降低王权对议会的影响。早在院外有组织的激进运动兴起之前很久，就已经有人要求更为频繁的普遍选举，以及将衰败的小自治市镇在议会中的席位重新分配给那些没有代表权的大城镇，及人口更为稠密的郡县。早在激进派开始争取大幅扩展公民权利之前很久，出版物上就已经不断地呼吁作为一个英国人的权利与自由了。自1688年光荣革命以来，皇权与贵族寡头统治的反对者们就已经断言，所有人都应享受到法治的保护，应该免于遭受专制、暴力政府的干涉。他们坚持所有人都该享有生命权、自由权、财产权，主权存在于全体人民之中，作为最后的手段所有人皆可用强力反抗一个专制的政府。

中等阶层对于自己现有社会、经济地位的不满，他们开创生机勃勃的城市政治文化和充满活力的媒体的能力，以及不断增强的政治权利意识结合在一起，就创生出对地产精英政治主导地位进行持续挑战的潜在力量。一场深刻且持续的政治危机，则可将此潜能变成现实。此种危机能够瓦解统治阶级的权威，也可使中等阶层确信，整个政治体制都需要加以改革。第一场这种性质的危机发生在乔治三世统治时期的前几十年。当时出现了一场精心策划的以违宪方式来增加王权的政治运动，这令时人越来越不安。现代的历史学家已经证明这种担忧被肆意甚至是毫无根据地放大了，但在当时，它造成了内阁持续不稳，激起了公众对于宪法与臣民自由的平衡是否受到了威胁的激烈争论，还导致了无论是英国本土还是美洲殖民地对政府政策的反对。美洲殖民地通过武力来确保自己的政治独立；在英国本土，看似风平浪静，但精力充沛的反对派们对寡头政治统治的反对不断郁积。

约翰·威尔克斯(John Wilkes)领导了18世纪60年代晚期到80年代早期的请愿运动，之后则由克里斯托弗·怀威尔(Christopher Wyvill)发起的"联合运动"(Association Movement)接棒。这些运动意图凝聚公众政治观点，造就一些院外组织（extra-parliamentary organizations）努力发动宪法改革。这些改革运动充分利用了伦敦和一些较大的地方城市中蓬勃繁盛的出版业、俱乐部及社团。他们创办了一系列新型的政治会社，例如"权利法案支持者协会"（Society of the Support-ers of the Bill of Rights）、"宪法资讯社"（The Society for Constitutional Information，简称 SCI，或译为"宪法信息社"）以及各种各样有关宪政改革的会社及郡县联合会。这些组织将政治活动家们彼此紧密联系起来，将改革宣传活动传播到更广泛的公众中。他们还组织了全国性的请愿运动来证明他们所获得的广泛支持，并对政府跟议会施加压力。在他们参与的这些激烈的政治论争中也产生出来各种各样的改革提案以及有关臣民自由权利的更激进的观念。更稳健的改革者基于经济改革的传统要求，其目标意在限制王室庇护权，因为当权者可以利用这种权力对议会组成及其决议施加影响。但其他改革者们认为此类稳健的政策远远不够。在他们看来，对臣民的自由权利的护卫是首要之义，只有当更多的公民被议会接纳为代表，议会可以代表全体人民时，臣民的自由才有可能被保障；而只有通过议会改革，才能实现这一目标。尽管有少数改革者还有其他更多诉求，但对许多改革者来讲，他们要求的是更为经常性的普选，或者是将议会席位重新分配给已经发展的较大的城镇或人口最为稠密的郡县。早在 18 世纪 80 年代，威斯敏斯特协会（Westminster Association）的激进领袖们就已经草拟了后来变得鼎鼎大名的"议会改革六点方案"（six-point programme of parliamentary reform）：普遍的男性公民选举权、议会年度选举制、选区平等制、无记名投票、废除针对下议院议员的财产资格限制及付费要求。一些激进派的宣传者们，如约翰·卡特赖特(John Cartwright)宣称，这些激进的改革并不是革命性的创新，而仅只是要恢复久远的盎格鲁—撒克逊时代就已然存在的民主的代表选举体系。不过，其他激进派理论家们，如理查德·普赖斯(Richard Price)则反对将改革的合法性诉诸于英格兰古老的宪法体制。他们宣称，激进的议会改革理应被批准，因为实行民主的代表选举制是将所有人①都具有的自然权利转化为公民自由权的唯一道路。普赖斯及其同道坚持认为，所有人都具有自然赋予的、不可剥夺的生命权、自由权及财产权，只有当每个人都拥有平等的权利来选举立法机关代表，由这些代表通过立法手段有效管理人们的生命、自由及财产，这些权利才有可能得以维护。

许多用以消减王室庇护权影响的法案因这场改革运动的推动而诞生。这些法案甚至已经在下议院推行，其后续目标是达成适度的议会改革。1783 年，下议院议员中一个重要的少数派准备投票支持议会改革。等到 1785 年，首相小皮特(Younger Pitt)因为提议去除最小的 36 个议会选区的席位而获得 174 位下院议员的支持——他们人数虽少，却是意义重

---

① 18 世纪文献有关政治权利的讨论所指涉的"所有人"皆用"all men"这样的字眼。本书作者在其早期著作包括本书中援引文献并未特意指出这一词汇在文本中的特别深意，但在《十八世纪英国的大众政治》一书中他明确写道："在争取'人'(man 从字面含义上看专指男性)的权利中，大多数激进分子按照字面意思将其理解为成年男性的自由而不是所有人的自由。"这一解释不但明确了成人普选权的历史含义，实际上也从历史学技艺层面提示我们，在阅读那一时期的历史文献时应该关注文字在当时语境下的具体含义。

图一 《约翰·卡特赖特像》

格奥尔格·西格蒙德·法丘斯(Georg Siegmund Facius)绘
约翰·霍普纳(John Hoppner)点刻雕(点彩),1789年
画面尺寸414 mm × 288 mm
现藏于伦敦国家肖像馆

大。很明显，院外改革在相对短暂的时间内跨出了巨大的一步，但是它基础不牢，根基不厚。只有极为少数的改革者称得上是真正的民主主义者。即使是那些更为坚定的激进主义者们，可能也只是将他们的政治关怀止步于男性户主或那些缴纳了直接税或地方税的人获得选举权，就心满意足了。没有任何一个激进主义者认真指望过让劳动大众除了投票行为之外，还能在其他国家事务中承担积极的角色。这种有组织的改革运动机构依旧牢牢地掌握在有一定财产并且受过教育的人手里，而他们都来自社会的中等阶层。他们痛恨大地产精英过度的政治影响力，决心要增加自己在议会中的代表，但他们并不希望穷人来参与管理国家，实际上他们也不愿意穷人真的坐在下议院来参政议政。并且，在他们要改革选举体系的时候，实际上是希望通过国王、大地主阶级与平民的微妙平衡，以达到君主制、贵族制及民主制的混合。在他们看来，那才是理想的宪政。激进主义者并不渴望推翻君主制政府或者废除贵族阶级特权。他们也并没有组织一场真正改变社会等级制度或者是对国有财产进行更平等再分配的运动。几乎所有的激进改革派最初的目标都是降低税收及政府管理成本。他们的纲领根本不曾直接呼吁社会底层民众的参与，而对此类群体来说，这纲领也缺乏强烈的吸引力。

美国独立战争的结束，经济的迅速复苏及国内政治恢复稳定，使得激进派和议会改革事业的支持率突然降低。不过，到18世纪90年代早期，激进主义不但已经复苏，而且大力推进，恢复了十年前所曾占据过的地位。改革运动的意识形态越来越激进，目标越来越具革命性，对于大众而言也越来越具有影响力。诸多因素合力造成了这一戏剧性的转变，但最重要的影响因子还是法国大革命的爆发。

1787 年，新的美利坚合众国的联邦宪法被批准通过。这向英国激进派展示出，依据大众的意志，为保护人们的主权及他们的自然权利而组建一个政府是有可能的。美国事例表明，政治上的平等可以跟对个人财产的保护以及保有适度区分的社会结构相协调。一个更为公平的人民代表制并不必定引起社会无序或者内战，这就是美国人提供的经验证据。美国革命的激进政治后果更加突显了自 1688 年光荣革命以来英国保守的政治发展历程。为了庆祝光荣革命一百周年而创建了"革命社"（Revolution Society）的改革者们，以强有力的方式指明了这种对比。革命社成员坚持认为，1688—1699 年革命的根本原则远比后来的政治发展所能指示出的要来得激进。他们坚信，光荣革命奉人民主权学说为神圣不可侵犯之信条。1789 年 11 月 4 日，理查德·普赖斯，这位富有经验的改革家，在面对革命社所发表的最为著名的演说之一中断言，光荣革命已经宣告了那些内在于自由男性天性中最重要的权利，包括宗教信仰自由的权利、反抗专制与暴政的权利，而所有权利中最激进的则是："有权选择我们自己的统治者；倘其统治有误，公民有权解散其统治；公民有权构建一个为我们自己服务的政府。"不幸的是，这些权利并没有在 1688—1689 年间全部实现，但是，此时此刻，是时候实现它们了。由非国教徒主导的革命社在争取废除"宣誓条例和市镇社团法案"（the Test and Corporation Acts）运动中扮演了主要角色——该法案规定中央和各地方政府的公职只能由圣公会教徒担任。自 1787 年到 1790 年，发起废除该法案的非国教徒和他们在自由派圣公会教徒中的盟友一起，在媒体和议会里宣扬，宗

图二 《理查德·普赖斯像》

托马斯·霍洛韦（Thomas Holloway）在本杰明·韦斯特
(Benjamin West)线雕版画基础上绘制并出版
1793年6月4日发表
现藏于伦敦国家肖像馆

教信仰自由是一项自然而不可剥夺的权利，因此，国家并无任何合法权威来将某种特定的宗教观点强加于公民身上，以致剥夺他们的权利。政治自由是确保所有自然权利的最佳方式，这些人因为追求宗教信仰平等，被引导着投入到了争取政治自由的运动中。

理查德·普赖斯在革命社发表的演说之所以激发了人们对革命的兴趣；1790年议会对是否废除"宣誓条例和市镇社团法案"的辩论之所以如此激烈，这很大程度上要归因于法国所发生的那些戏剧性的、令人震惊的事件对英国国内政治兴奋氛围的刺激。在这个长期以来都被视作绝对君主制绝佳典范的国度（法国）所爆发的革命，使得人们欢呼雀跃，把它当成一个自由的新时代唾手可得的可信证据。法国的政治事件在随后的几年里对英国政治产生了可谓充电一般的效应。法国革命突然爆发，令世人惊讶；它引发了一场波及了整个欧洲的政治地震，对于英国的影响也非常深刻，且广泛扩散到全社会。在短短几个月时间里，欧洲最强悍的君主被其臣民羞辱，贵族根深蒂固的特权遭到谴责，教会改由世俗力量控制，公民不可剥夺的权利被公开宣扬，他们还选出代表组成议会负责起草新宪法。此时，英国持各式观点的改革者们都受到这一事件的刺激，也投身于实践当中。约翰·卡特赖特公开宣布："先生们，法国人，不但伸张了他们自己的权利，还促进了全人类的普遍自由权利！"理查德·普赖斯也宣言："这是一个多么重要的时刻啊！我如此感恩，在我有生之年可以亲眼目睹……人的权利较之往昔获得了更好的理解：每个国家都在绘制自由蓝图，你看，这个自由理念我们好像已经丢弃许久……我见证了人民争取并扩展自由的深深期盼；人类历史

即将开始一场普遍的修正。"(Dickinson，1977，p. 236)

7 法国事件激励了英国废除"宣誓条例和市镇社团法案"的运动，鼓励革命社在 1789 年 11 月 4 日这天向法国国民议会发送贺信，它还使得停滞多年的宪法资讯社元气复苏。丹尼尔·亚当斯(Daniel Adams)，这位勤勉的宪法资讯社社长，建立了会员制，甚至还吸引了几位出身更加卑微的人如雕刻工威廉·夏普(William Sharp)、皮匠托马斯·霍尔克罗夫特(Thomas Holcroft)参加进来。宪法资讯社恢复用激进刊物传播思想的做法，建立起遍布全国的政治联络网，重新开启了有关英格兰与威尔士的议会代表状况的调查。最后，它终于推动 T. H. B. 奥德菲尔德(T. H. B. Oldfield)的《选区史》(*History of the Boroughs*)在 1792 面世。该书意义重大，提供了可以使人们对代表制体系加以强烈谴责的有力证据。1790 年 3 月，宪法资讯社最著名的会员之一，亨利·福拉德(Henry Flood)，曾动议下议院：针对所有已经衰败的选区，每个选区削减一个代表席位；增加 100 个额外席位给成长中的郡县；赋予常住居民户主以选举权。在一次令人印象深刻的演说中，尽管福拉德声明，若及时向有产中等阶层让步，英国将可以避免法国所发生的那些过度行为，但他仍然论辩到，法国的发展已经使英国国内改革较之以往更加迫切。

福拉德并没有获得议会的更多支持，但是法国事件的确鼓励了少数辉格党反对派致力于稳健的政治改革。1790 年 7 月 14 日，"辉格俱乐部"(the Whig Club)筹备了一场盛大的改革宴会(a monster reform banquet)来纪念攻陷巴士底的日子。超过 650 多位自由之友参加了盛宴。宴会上通过了很多决议，人们为法国自由的建立欣喜欢庆，誓言为在英国国内进行议会改革而全力以赴。但是这次会议警醒了埃德蒙·柏克(Edmund Burke)，也加剧了保守辉格党与自由辉格党人之间的分歧，自由辉格党中的一些人此后继续支持政治变革。1792年4月，自由辉格党人建立了人民之友协会(the Society of the Friends of the People)，并且宣称他们为了避免英国也面临已然落在法国人头上的那种大灾难，支持温和适度的改革。人民之友协会的一位成员——乔治·蒂尔尼(George Tierney)，利用奥德菲尔德的研究发表了一份《英格兰与威尔士的代表制现状报告》。1793年与1797年，自由辉格党人曾试图利用这份报告所提供的证据，来确保通过一份议会改革法案，不过却是徒劳无功。

毫无疑问，法国的政治事件在复苏那些富有经验的激进派对英国国内改革的兴致一事上，起到了重要的推动作用，这些人里包括了约翰·卡特赖特、理查德·普赖斯、克里斯托弗·怀威尔、约翰·霍恩·图克(John Horne Tooke)等。法国大革命鼓舞革命社做出新的政治努力，唤醒了沉睡的宪法资讯社，鼓励辉格党内的自由派重新推动经济改革和适度的议会改革。但是，法国大革命最大的影响却体现在那些18世纪90年代早期涌现出来，遍布于伦敦和其他地方郡县更为激进的新社团身上。这些新的激进派经常被称作英国雅各宾派。它们竭力发展组织机构，将其成员成分扩展到更低的社会阶层，推进更具革命性的目标，并且发展出实现这些目标的新方式。法国大革命唤醒这些人投入政治行动，并为他们提供了纠正自己所受社会不公的理念，不过，却是18世纪90年代的经济形势才真正让这些激进派能够偶尔吸引到群众性的支持。法国大革命并没有简单地为欧洲受压迫的人民树立

8

图三 《埃德蒙·柏克像》

约书亚·雷诺兹爵士(Sir Joshua Reynolds)画室绘
布面油画,约1769年或之后
画面尺寸756 mm × 629 mm
现藏于伦敦国家肖像馆

一个政治范本。1792 年到 1793 年的欧洲局势动荡不安，导致英国发生经济萧条，最终带来了失业率的增高和工资水平的下降。1793 年初英、法之间爆发了一次持续甚久、过程痛苦且消耗巨大的军事冲突，使得英国的对外贸易和国内手工业出现了持续性的混乱。战争不仅严重影响了贸易，也因为日常消费品价格上涨，隐性税收增加，而一步步地加重了中下层人们肩上的税收负担。1795 年到 1796 年，英国经济的不景气已经达到了危机时刻。正当穷苦人民面临越来越低的工资和越来越高的税收之时，严重的农产品歉收又将食品价格推向创纪录水平。整个 18 世纪 90 年代，尤其是 1792 年到 1796 年间，贫困是激进政治事业的主要推手。

组织与构成

到此时为止，"伦敦通讯社"(London Corresponding Society，简称 LCS) 是新建立的激进社团中最重要的一个。该社团在 1792 年 1 月 25 日这天建立，当时仅有九位男性成员。他们由托马斯·哈代 (Thomas Hardy) 这位地位卑微的鞋匠领导，在斯特兰德 (Strand) 的贝尔酒馆 (Bell tavern) 开会，讨论的主要问题即当时面临的经济贫困与高昂物价。其中八位成员赞成建立一个社团，每周集会一次，每次集会征收一便士作为会费。托马斯·哈代被选为第一任秘书长兼会计，不过律师莫里斯·马格利特 (Maurice Margarot)，很快成为首任主席。尽管通讯社最初关注的是许多下层社会成员都面临的

图四　《英国屠夫威廉·皮特》

詹姆斯·吉尔雷（James Gillray）绘，汉纳·汉弗莱（Hannah Humphrey）出版

手绘蚀刻,凹版腐蚀制版印刷,1795年7月6日发表

画面尺寸401 mm × 260 mm

现藏于伦敦国家肖像馆

该图又名《面包的价格》，表现的是1795年英国谷物歉收、粮食价格奇高时候的英国普通人生活。画家笔下一个又饥又愁的普通英国人甚至连买块面包都囊中羞涩的时候，毫无同情心的首相威廉·皮特却以极其不屑的表情拿出一大块昂贵的牛肉要卖给穷人，这当然是那穷人绝对无法负担的。

9

经济贫困问题，但为了拯救他们的不幸，社团采用了一套政治纲领决意走政治道路。通讯社成员献身于政治活动，要求赋予成年男性普选权、实行议会年度选举制以及重置议会席位，把衰败小选区的席位转到大市镇手中。哈代与其同道们致力于将他们的理念扩散到整个伦敦，传遍全国。他们获得了高速且非凡的成功。在伦敦主城区就建立了很多分支机构或小组。每一个小组都预计招募至少 30 个会员。超过这个数目之后加入的会员被登记到余册里，当超额数目达到 16 人的时候，就开始建立新的分支小组。事实上，很多分部的会员数量都超过了预想的最大值，所有支部中最活跃的是第二分部，截至 1795 年年末，它已经拥有 700 多个会员。当 1795 年的"危及治安集会处置法"（Seditious Meetings Act）禁止 50 或以上人数政治集会时，伦敦通讯社却因其有此种特殊的组织机构形式而不受该禁令的限制。

到 1792 年 5 月，伦敦通讯社已经有 9 个分部，每一分部都派一名代表参加每周四晚上召开的总委员会会议；分部每三个月选举一次他们的秘书长与总委员会代表；总委员会则要选出一个规模较小的执行委员会，它由一位秘书长、主席和 6 个普通成员组成。执行委员会负责协调通讯社的活动与政策，其成员每周要碰头两至三次，这使得居于通讯社领导层的会员每周有四到五个晚上都忙于政治会面。随着通讯社向更广阔的区域不断扩展，导致会员往来集会的交通问题日益严峻。通讯社最终决定将伦敦按照地理位置分成四个片区，在分部与总委员会之间增加一个片区委员会。片区委员会成员也由分部选举产生。因此，到 1795 年，通讯社已经具备了一种精妙的组织机构形式，它可以使其政治行动突破法律、经济乃至地理位置上的局限（Collins，1954）。

　　由于并不存在一个完整的成员名单，加之我们也需要区分出核心积极分子与偶尔参与分部集会的成员，因此要想精确地重建伦敦通讯社的规模或者是清晰地把握其成员的社会地位情况并不容易。很明显，一些分部极为活跃，参与者众多，但也有一些分部只是断断续续的存在着，其活动难以确定。也许只有一半的分部费心选举参加总委员会的代表。伦敦通讯社号称其会员总数在5000人左右，而这一数目也被许多历史学家认可。不过，最近对活跃分子人数的估算表明，截至1792年年底，伦敦通讯社共有650位固定会员坚持参加聚会，且这一数字在整个1793年停步不前。在接下来的18个月里，固定会员的人数在250人与1000人之间波动，而在1795年下半年达到了顶峰。尽管政府出台了许多压制性措施，但1795年秋季，通讯社每周的出勤人数还是超过了1500人，其中有一周大约有3576名成员参加了各分部会议。在那段时间里，活跃会员的总数大概有3000人，不过到了1796年春季，这个数字减少至不到2000人，而到了该年年底，则下降到1000人。到1797年，活跃会员人数骤跌到600人左右，而在1798年社团被强制解散前，通讯社的积极分子只有400人左右（Thale，1983，pp. xxiii－iv）。显然，伦敦通讯社能够吸引更多的同情者（sympathizers）来参与其户外大型集会，而它的纲领也确实得到了广大非会员的支持认可。尽管如此，伦敦通讯社仍不可被当作是一个真正的群众社团——因为它的每周集会难以吸引到足够比例的伦敦城中的贫困劳动力，而这对定义群众团体来说十分重要。

　　由于没有任何细节性的证据，多数历史学家满足于将伦敦通讯社描述为主要由零售商和工匠构成的社团。当然，其中一些最著名的活动家确实是小商人：比如托马斯·哈代、约翰·阿什利(John Ashley)都是皮鞋匠，弗朗西斯·普雷斯(Francis Place)是个裁缝，本杰明(Benjamin)与约翰·宾斯(John Binns)曾经是水管工，理查德·霍奇森(Richard Hodgson)则是一个制帽工匠。但另一方面，有关伦敦通讯社更多积极分子的证据则向人们呈现了一幅截然不同的画面。一份调查表明，347个活动家中一半是零售商和工匠，其中有43人从事制鞋或相关贸易活动，27人的工作与纺织业有关，24人做裁缝生意，14个手表制造者，7个木匠，7个细木工，等等。这些人中只有极少数似乎接受过正规教育，但是他们大多都设法通过自学达到了通常的受教育水准。然而，这一组调查中，其他一些活动家都具有较高社会地位，有8位律师，8位医务工作者，10个书商，11个教士，还有各种行业的店主(Thale，1983，p. xix)。另一组调查样表表明，大约61个伦敦通讯社活动领袖中，仅有16个可以明确的定义为零售商或者工匠，其余的那些领导成员主要是由书商、印刷工、出版商、文人及法律或者医疗方面的专业人员组成。这些领袖人物包括约翰·博恩(John Bone)、罗伯特·克罗斯费尔德(Robert Crossfield)、丹尼尔·艾萨克·伊顿(Daniel Isaac Eaton)、约瑟夫·杰拉尔德(Joseph Gerrald)、约翰·盖尔·琼斯(John Gale Jones)、莫里斯·马格利特、托马斯·斯彭斯(Thomas Spence)以及约翰·赛尔沃(John Thelwall)(Lottes，1979，pp. 360—373)。显然，零售商和工匠在伦敦通讯社的领导层里扮演了重要但却并非主导作用的角色。在分部的活动家或者是普通会员中，零售商和工匠占据的比例

11
毫无疑问要大得多，但是，并没有什么证据表明，通讯社曾经做过多少努力，去吸引非熟练工或者赤贫之人。无论通讯社的反对者怎样指控，也不管有些历史学家如何断言，伦敦通讯社都依旧不是一个真正意义上的无产者社团(Davis)。

这类激进社团组织并不局限于伦敦。外省社团如雨后春笋一般蓬勃兴起。其中，1791 年 11 月或者 12 月(具体月份不详)成立的谢菲尔德宪法资讯社(Sheffield Society for Constitutional Information)在很多方面都可以说是最为激进、最能引人兴趣的一个。伴随着伦敦通讯社的兴起，躁动不安的经济形势以及公众对法国所发生政治事件的强烈关注，形成一种社会氛围，激励了一些活跃分子组织起来建立社团，来推动激进的议会改革事业。短短的几个月内，谢菲尔德宪法资讯社就已经从少数几个人发展到了数百人，他们在遍布全城的酒馆、公共场所碰面集会。到 1792 年 3 月，会员总数已突破 1500 人；1792 年 6 月，大约为 2500 人，不过积极分子要比总数少很多，大概在 600 人。会员们每周在他们的支部或者分部里聚会，每一个小群体都要选出一位代表参加总执行委员会——这个委员会所负责之事包括分发政治文献、组织书写请愿文书，与伦敦通讯社及伦敦宪法资讯社交流意见沟通想法，他们还要给相邻市镇如利兹、德比(Derby)、诺丁汉、斯托克波特(Stockport)的激进组织提供建议。

谢菲尔德宪法资讯社最著名的会员有约瑟夫·盖尔斯(Joseph Gales)，他是《谢菲尔德纪事报》(*Sheffield Register*)的出版商；有亨利·雷德黑德·约克(Henry Redhead Yorke)，一位经济独立、奔走于各地的鼓动家；还有著名的刀剪制作大师威廉·布鲁姆海德(William Broomhead)。大多

数活跃分子看起来都是某些领域的行家（small master）或者技
艺娴熟的工匠，如刀剪师、锉刀铁匠、剃刀制作者等，他们
都在谢菲尔德钢铁工业链上的一些小作坊里工作。与伦敦通
讯社的许多会员一样，这些人也都面临着由法国大革命所引
发的欧洲危机带来的经济形势每况愈下的不利局面。1793 年
春天，苦难的形势令这些激进分子们征集到了将近 4000 个签
名，要求实行议会改革；而在 1794 年 2 月 28 日这天，则有
多达 5000～6000 人在户外集会，支持讨论通过一份要求境外
和平、国内自由的决议（Seaman，1957）。

其他一些大型的地方城市也冒出了不少激进社团，它们
中有些受到了更早的改革社团的影响，有些则仿效伦敦通讯
社和谢菲尔德宪法资讯社的样板而成立。早在 1790 年 10 月，
曼彻斯特就出现了一个"立宪社"（Constitutional Society）。它
的领导人是棉花商人托马斯·沃克（Thomas Walker）与大律
师（barrister）兼化学家托马斯·库珀（Thomas Cooper）。他们
皆受从前的老改革家詹姆斯·伯格（James Burgh）、约瑟夫·
普里斯特利（Joseph Priestley）的深刻影响。在社团组织形式
上他们则效仿了伦敦宪法资讯社的模式。他们的社团每个月 　12
仅集会一次，每次 50～100 人不等。集会的成员基本来自中
产阶层，他们相聚一起，主要目的是讨论如何印制和分发激
进主义的宣传小册子。从 1792 年 3 月到 1793 年 3 月，一年
的时间里，这个立宪社团发行了一份非常出色的周报——《曼
彻斯特先驱报》（Manchester Herald）。1792 年 5 月人们成立
了爱国社（Patriotic Society），6 月又创办了改革社（Reforma-
tion Society），这类社团的出现皆受到当时急剧增长的激进主
义热忱所驱使。这些新社团吸引了许多工匠、零售商，乃至

有几位劳工也参与其间。保守派于1793年对激进政治运动加以反攻,破坏了激进分子的努力;但在此之前,这些社团已经在短短几个月内与立宪社合作,参与到争取议会改革的运动中(Handforth,1956)。激进派在诺威奇(Norwich)的发展也遵循了类似的路线。1788年成立的、主要由中产阶层非国教徒、商人及专业人员主持的革命社,领导了改革运动。1792年,许多由工匠、零售商、小店主组建的更为激进的俱乐部与革命社联合起来。激进团体的政治领导权转移到这些新兴社团手中,他们选出代表参加每两周一次的会议(Jewson,1975)。大体与此同时,一些类似的激进社团在其他许多市镇如伯明翰、德比、利兹、莱斯特(Leicester)、诺丁汉、纽卡斯尔(Newcastle)、斯托克波特、爱丁堡、敦提(Dundee)还有斯特灵(Stirling)涌现出来。几乎所有这些社团都是由小商人、专业人员、小店主以及零售商组成。他们通常在地方的小酒馆里定期集会,其活动刊登在地方报纸上。这类社团中,许多规模都非常小,只能吸引到几十个固定会员。大多数这类社团在1793年强有力的保守派的猛烈打击下一命呜呼。18世纪80年代中期,伯明翰的立宪社就已经衰败,但它在娴熟老练的改革家约瑟夫·普里斯特利的领导下得以复兴。它所吸引的主要是专业人员、中产阶层商人及手工业者,还有生气勃勃的非国教徒。对于约翰·哈里森(John Harrison)这位谢菲尔德剃刀制作商而言,这太温和了。1792年11月,哈里森组建了"伯明翰宪法资讯社"(Brimingham SCI)并与伦敦通讯社建立了联系。但是在伯明翰,既非激进者也非稳健的改革者掌握着政治控制权。1793年5月,一份支持成年男性公民普选权的请愿书只征集到了2720个签名;到1795

年，激进主义已经在伯明翰凋萎。莱斯特的情况也一样：当
地改革者大致可分为两派，一派是革命社里那些家境较为丰
裕的温和派成员，另一派是宪法资讯社中那些出身更为卑微
的激进派会员，但是这两派都很快遭遇了来自于保守主义反
对势力的强力镇压，最终在 1795 年年底终止了活动。其他一
些重要的地方城市，如布里斯托、赫尔（Hull）、利物浦、普
利茅斯（Plymouth）和朴茨茅斯（Portsmouth），都不能维持像
上面这些大规模的激进派社团的活动，甚至像它们一样短命
的社团都不行。很显然，相较从前，18 世纪 90 年代的激进
派议会改革事业获得了更多的支持，在有些区域的城市工匠
及零售商中，它取得了令人印象深刻的进步，但其失败则在
于并未能获得举国一致的支持，甚至也没有把国内所有的社
会团体都团结起来，共谋改革大业。

目标与设想

　　18 世纪 90 年代的英国雅各宾派采用了早期改革者中更
为激烈的政治纲领，尤其是由"威斯敏斯特联合会"（West-
minster Association）在 1780 年首先倡导的著名的议会改革六
点方案。伦敦通讯社与地方社团将他们的目标集中在争取成
年男性公民普选权、议会举行年度选举，以及议会选区公平
化（equal parliamentary constituencies）这几项内容上，并透过
演说、决议、请愿书等方式表达出来。在 1792 年 8 月 16 日
发表的一份"告全国人民书"中，伦敦通讯社呼吁"议会每年选
举一次；选举应中正无偏，不可私下买卖；全体国民皆应在
其中平等拥有自己的代表"（Thale，1983，p. 18）。英国雅各

宾派的普遍共识即是，投票的权利应该赋予全体人民，而不是据其财产状况来决定。他们声言，否定一个人（成年男性）的公民权即是诋毁他的道德品性，无异于宣称他不够资格成其为人；拥有财产并非一个人道德品性与公民美德的证明，贫穷也不是缺失此类品格的证据。许多激进的社团坚持认为，他们要求的所有臣民的投票权是一项由来已久的权利，都曾在英国古代宪法体制中实施过，议会改革六点方案不过是单纯地要求恢复英国人民历史上曾经享有的权利。不过，一些主要的激进派理论家欲图摒弃这种诉诸于历史合法性的呼吁，他们更强调的是，所有成年男性都具有不可让与的自然权利。因更早期的约翰·洛克、理查德·普赖斯等理论家断言，所有人都拥有自然权利，他们便将新的理论建立在这些人的理性理论之上，从而丢弃了一些经验丰富的老改革家如约翰·卡特赖特、约翰·霍恩·图克等人先前的主张。尤其当保守派宣称古往今来一直存在着财产特权的时候，激进派理论家们便开始意识到诉诸于历史证据于其诉求不利，因此他们更愿意将其诉求表达为：所有成年男性皆应当（**ought**）拥有这些权利，这是因为人生而平等，具有共同的人性。托马斯·潘恩在其 1791 年出版的《人权》（*Rights of Man*）第一卷中，刻意抛弃了任何诉诸往昔的做法，而坚称每个时代都有权建立任何一种政治体制，只要这适合自己的目标。潘恩对光荣革命不屑一顾，当它不过是英国人的自吹自擂，还不恰当地把它跟更激进的法国、美国革命作对比。埃德蒙·柏克则立场坚定地为光荣革命辩护。他认为只要人民认为英国革命的条款是有利的，人们就应该接受光荣革命的权威。当今时代可以自由地反对过去的专制，并且开创一个拥有更广阔自由的

14

图五 《托马斯·潘恩像》

威廉·夏普（William Sharp）在1792年乔治·罗姆尼（George Romney）布面油画基础上做出雕版画，此幅是1876年奥古斯特·米列埃尔（Auguste Millière）的雕版画复制品

现藏于伦敦国家肖像馆

新时代。潘恩与其他激进的理论家们都一致认为，所有人都生来平等，都拥有不可让与的自然权利，从法律的角度看没有任何政府可以侵犯它。这些自然权利包括生命权、自由权、财产权和追求幸福的权利。为了确保这些自然权利能在公民社会中得以伸张，必须对那些掌权者的权力加以限制，也必须将之置于人民主权的控制之下。成文宪法中必须有对行政或者立法机关权力加以限制的条款，也必须清晰表述所有臣民的公民权利。至为重要的是，所有人都应该在国家的决策过程中保有一个可以积极发声的公民位置，如此一来人民的最高权力意志方可能对那些当权者的行为保持警醒并对其进行持久的监督。

这一强调所有人都具有平等政治权利的信条引领一些激进派比他们之前的任何改革者都走得更远，使他们对所有因世袭而获得的荣耀、头衔和特权加以谴责。托马斯·潘恩鼓吹创建一个民主共和体制，但是几乎没有哪个雅各宾派社团达到他的程度。雅各宾派们可能在下面这些问题上非常赞同潘恩的理论：由世袭继承而来的立法者身份没有任何道德正义可言，把国家拆分开来变成国王的、贵族的和平民百姓的不同权益，也不具任何理性根基。但雅各宾派们也意识到，任何公然攻击君主制或者贵族制的言行，都会导致有产精英阶层撤回对他们的支持，这种支持却是他们一直期待获得的。尽管如此，这些社团很显然还是相信世界上的多数痛苦都由国王和贵族的自傲、自大及野心所产生。世上至为不公正之事就是通过向穷人征税的方式而暴敛大量金钱，用以支持一小部分人的奢靡生活；那些声称力量、勤勉、智慧、诚实或者美德都是英国大地产家族世代相袭的独有品质的说法，违背了自然提供的证据。他们相信，每个人在社会、政治、经济中的差别只能凭借个人固有的才能来赢得，而这点在社会的各个阶层都有所体现。

　　尽管英国雅各宾派坚称所有人都应该享有平等的政治权利，但是有一点还不是太清楚，即他们是否也真诚地渴望生活在一个由人民统治的政府之下。这些激进派中的大多数人都是出身于中产阶层的男性，或者来自工人之中较有声望、技艺高超的那个阶层。他们中几乎没有什么人可以摆脱这种假定：理应由拥有财产和受过教育的人来治理和领导劳工大众。例如，詹姆斯·麦金托什（James Mackintosh）、约翰·赛尔沃（John Thelwall）都期望下层阶级可以遵从中层阶级或者上流社会中开明男性的领导。进一步，严格来说，大多数激进派人士在争取人权的斗争中，所关心的只是成年男性的自由权利，而不是所有人的自由。他们认为女性的地位与儿童相类，都是依附性造物（dependent creatures），没有独立进行政治判断的能力。即便如玛丽·沃斯通克拉夫特（Mary Wollstonecraft）这样一位深切关怀女性政治和经济地位的作家，也没有去费力开展争取女性投票权的活动。只有一两个激进分子，其中最著名的是托马斯·斯彭斯（Thomas Spence），曾经暗示女性也应该被赋予选举权，但是激进运动所全力以赴确保的乃是成年男性的选举权（Claeys，1995）。

　　18世纪90年代，无论是激进思想家还是激进派社团，首要关注的事情都是争取议会改革。这一关切重点对往后的几代改革者来说令他们相当困惑，因为他们已习惯认为，只有依靠经济改革才能改善穷人的处境。但是英国雅各宾派对议会改革的关注，出于两个强烈的动因。一方面，他们担心

15

对私有财产的任何攻击都可能会使有产精英阶层疏离于改革，另一方面，这也可能会煽动穷人攻击中等阶层以及技艺娴熟的零售商和工匠们的小额财产。更为重要的是他们确信，穷人遭遇的社会和经济上的不公实际上均是由现存政治体制所造成，它可以通过对这一体系的激烈改革加以消除。造成大众在经济上苦痛的首要原因是政治权力分配的不平等，而非财富分配的不平等。就是因为少数富有的地产精英阶层把持了政治体制，才导致政府和议会忽视了其他人的利益。为了支持君主政体和贵族统治的奢华侈靡，为了腐化立法机关而必须挥霍大量金钱，为了支付对外战争的巨额开支，所有这一切加起来，把一副沉重的税收负担压在中下层民众的肩上。在现存的腐败统治体系下，为了使少数统治阶级富裕起来，大多数的人口贫困不堪。经济上的不平等是自然的也是无可避免的，但贫富之间的差距被政治体制粗暴地拉大了——这个体制设计出来，就是为了助力少数人，而以牺牲多数人为代价的。经由议会改革，可以建立一个公正的政府，不再把大量金钱耗费在政治贿赂、对特权精英滥施奖赏以及战争侵略上。它也会放弃富有侵略性的外交政策，因而减少用于武装力量上的开支。通过这些方式节约下来的积蓄将意味着税收的降低，也会把更多金钱存留在普通百姓的腰包里。

16 　　对于许多激进分子而言，政治上的改革是实质性的第一步，接下来将会由一个更顺应民意的立法机构通过一系列的其他改革。议会改革也会促使废除现存向教会缴纳的什一税，中止狩猎法(game laws)，并改革那些导致众多小债务人锒铛入狱的法律，等等。伦敦通讯社在 1792 年 8 月 16 日致大不列颠全体居民书中声称，英国人将亲眼目睹以下的政治自由归还到他们手中：

> 出版自由，法律简化，法官无偏无倚，评审团自主
> 独立，紧缩不必要的空间与开支，减少无节制的薪酬，
> 公共服务更为优良，税收降低以及穷人可以在其能力所
> 及的范围内获得更多的生活必需品、年轻人获得更好的
> 教育、减少入狱羁押、老人得到更多的福利，以饥饿贫
> 民为代价的奢华盛宴将越来越少。（Thale，1983，p. 18）

潘恩的《人权》第二卷于 1792 年出版后，获得了极大成
功，影响深远。此书表明，一个经过改革的政府如何可以纾
解穷人的不幸。潘恩论证到，一个民主政府将会降低贫民肩
负的税收，与此同时，又会向富人征收一笔特殊财产税，以
募集到充足的资金来改善穷人的处境。他提议设立儿童补助
金，由此穷困家庭每个孩子每年可以获得 4 英镑，直到他们
年满 14 岁；每年发放 6 英镑的养老金给 50 岁以上的老人，
60 岁以上者则可以获得 10 英镑；贫困家庭每生一个孩子，
可以得到 1 英镑的产妇津贴；每一对贫困夫妇结婚时，也将
获得 1 英镑的结婚证书补助。潘恩对于整个改革方案所做出
的最具原创性的贡献之一，就体现在这非凡的寥寥几个页
码中。

尽管这些激进派分子们希望议会改革能够降低税收、在
一定程度上缓解经济困境，但是他们坚决否认自己是社会和
经济平等主义者，反对没收私有财产和重新分配国家财产的
观念。伦敦通讯社和曼彻斯特的激进分子们印刷的传单中，
明确拒绝任何有关破坏私有财产原则或者继承权的建议。曼

彻斯特宣传册的作者们坚定不移地表示：

> 改革之友们所坚称的平等乃是**一种权利的平等**(E-QUALITY OF RIGHTS)……因劳动和成功的事业所导致的不平等，是超级勤勉和好运的结果，**此种不平等正是社会存在所必需**。由此顺理成章得出的结论是：此一取之有道的财产，理应**子父相承**。倘财产无法获得保障，则将破坏所有催人奋进的动机，并从根本上摧毁公众之幸福。

17

甚至谢菲尔德宪法资讯社的工匠们也声称：

> 吾辈要求权利的平等，包括政治代表权的平等……并不是要那空想的财产上的平等——此类声言倘若被付诸实践，则吾辈断言，世界必将荒芜，亦将再次沦入最黑暗最狂野的蛮荒时代。(Dickinson，1977，p. 255)

即使是托马斯·潘恩本人，也畏惧社会革命。他因此提议仅仅征收财产税，以支付他的社会福利计划。约翰·赛尔沃想要改善穷人的可怕处境，但他坚信，任何对于私有财产的攻击都将导致社会的全面混乱，也会引起较之此前更加令人不可忍受的暴政统治。威廉·葛德文（William Godwin）在《政治正义论》(*Enquiry concerning Political Justice*，1793)一书中，表达了他虔诚的心愿：富人可以自愿放弃多余的财富，分给那些最需要的人们。在他的乌托邦世界里，财富可以自己来到最急需之人的手中。葛德文完全反对用暴力或者法律途径强行剥夺富人的财产。只有托马斯·斯彭斯在他的一些出版作品里提出了一份详细的"土地计划"(Land Plan)。该计划设想，将每一教区内的土地与自然资源都交由地方教区法人机构(parochial corporation)管理，此机构成员由居住在地方教区内的每个男人、女人和儿童共同构成。土地与自然资源可以租借给最高竞价者，所得收入用于公共设施建设，以及平等地分配给社区里的每一个居民(Dickinson，1982；Dickinson，1977，chapter 7)。

方式与活动

英国雅各宾派致力于激进的议会改革，但是他们中大部分人都不是如同潘恩一般的共和派，也没几个人曾经制订过社会与经济改革方面的方案。他们显然并不确定，以何种方式才能最好地改善民众的现状。他们同样不确定的是，应该选择什么样的方式与策略才能实现他们的目标；并且，对于这些方式与策略，他们之中还存在着许多分歧。诉诸理性，发起一场宣传运动以揭露现存政治体制的弊端，提升人民的政治意识，这是几乎所有人都支持的策略。他们发现如果理性的劝说没有达到他们的目标，那在下一步该采取何种政策上他们很难达成共识。只有一小群人考虑采用某种类型的暴力(physical force)方式，以向政府精英施压，使他们无法抗拒。几乎没有人还在打算进行暴力革命。只有当政府的镇压使激进改革的公开宣传无法再继续进行下去时，革命才能找到更多的支持者(见第三章)。

18

激进派达成重要共识的一个领域是，决心教育大众，使大众认识到自己的政治权利。很多人乐观地相信，宣传运动是完成议会改革目标的充分手段。1792年3月24日，各激进派社团的代表在诺威奇召开的一次大会宣布：

> 我们相信，给大众以政治知识的教导，教会他们认识到自己的自然的、应有的权利，乃是实现伟大改革目标的唯一一种有效方式。这是因为，一旦人们弄明白政府在滥用权力，他们就会乐意动用任何一种合法手段来修正这种滥用。(Dickinson，1977，p. 260)

所有的激进派社团都组织集会来讨论政治，并且协助分发已印制好的政治宣传品。例如，那些参加分部会议的伦敦通讯社成员们花费了大量时间，来聆听某人在集会上朗读政治文献，或者参与各样政治讨论。争论在严格的行为规则指导下有序进行：不可酒气熏天，不可大吵大叫，不可打断演讲。所有发言者都向会场主席致敬，没有人一次发言时间超过10分钟，没有人可以发言两次——除非所有想要发言的人都已经发过一次言。此种实践的目的显然是要提升成员们的政治教育水平，与此同时，在他们心中浇灌下既遵守规则又自尊自重的信念。他们被教导在为自己行动之前，要先学会为自己思考，懂得思考是行动的前奏。为了广泛地传播其观念，伦敦通讯社推销了很多大幅宣传单和小册子，分发了大量它们自己印制的演说文章，还试图创办自己的政治杂志。1794年12月至1795年1月，他们设法出版了一份8个页码的周刊《政治人》(The Politician)，共出4期。1796年6月至

1797 年 5 月，出版了月刊《道德与政治杂志》(*The Moral and Political Magazine*)，每期 48 页，一共出了 12 期。这两种出版物都收录了大量政治题材的书信，一些摘录自激进主义者比如约翰·赛尔沃、约翰·霍尼·图克的政治演说和发言稿，还有一些简短的论文和选自经典政治作品中的段落。但不幸的是，在伦敦通讯社出品的大约 3000～4000 份定期出版物中，只有一半可以卖出去，而办这份月刊却消耗了该社的大量资金与资源。正如其名所暗示的那样，伦敦通讯社也耗费了相当多的时间、精力与金钱来联络遍布全国的激进团体，而且还要与法国保持联系。

各地方的激进派社团同样也要组织定期的政治辩论、投入高额资金印刷出版物、分发印制好的宣传品。曼彻斯特的激进派创办了他们自己的周报《曼彻斯特先驱报》，尽管它仅仅存在了一年的时间——从 1792 年 3 月到 1793 年 3 月——而最终遭到政府查办而停刊，但它相当杰出。谢菲尔德的约瑟夫·盖尔斯创办了《谢菲尔德纪事报》，在该地区广泛发行；有一度，他还创办了另一份半月刊，名叫《爱国者》(*The Patriot*)。从 1792 年 4 月到 1794 年 6 月，《爱国者》报道了英国和法国激进派的发展，发表社论和政治通信，并且转载摘抄了各种各样的政治文献。《内阁》(*The Cabinet*)是当时另一份精彩的周刊，它于 1794 年至 1795 年在诺维奇(Norwich)出版，刊登类似的题材。另外，理查德·菲利普(Richard Phillips)创办的《莱斯特先驱报》(*Leicester Herald*)，从 1792 年 5 月一直延续到 1795 年 11 月；德比的激进派们一直支持《德比信使报》(*Derby Mercury*)；《纽瓦克先驱报》(*Newark Herald*)则为诺丁汉的激进派助力；剑桥的人们得到《剑桥情报员》(*Cambridge Intelligencer*)的援手；而那些住在泰恩赛德(Tyneside)的激进派有来自所罗门·霍奇森(Solomon Hodgson)主政的《纽卡斯尔时报》(*Newcastle Chronicle*)的同情助力。

有几个激进派的理论家和出版人做出了英雄般的努力，让大众接触到他们的政治观点。其中如约翰·赛尔沃与亨利·雷德黑德·约克(Henry Redhead Yorke)，到处开设讲座，但大多数人依靠的是出版自己的作品。丹尼尔·艾萨克·伊顿(Daniel Isaac Eaton)1793 年 9 月至 1795 年 1 月创办了《大众政治》(*Politics for the People*)。该周刊很便宜，每期只卖 2 便士。托马斯·斯彭斯在 1793 年到 1795 年出版的《精饲料》(*Pig's Meat*)，① 是所有激进派期刊中最便宜的一种，每期只要 1 便士。赛尔沃的《论坛报》(*The Tribune*)于 1794 年 3 月到 1795 年 4 月，每周出版一期。因着渴望接触更广大的民众，这些激进派人士几乎搜遍了过去两个世纪以来所有谈论改革的文献；他们还以一种廉价而易于领会的方式来传播这些信息，以教导大众知晓自己的政治权利。其他许多激进主义者制作了一大批令人印象深刻的单独的小册子，不过没有一本能够跟潘恩《人权》(*Rights of Man*)(1791—1792)一书的成功相提并论。《人权》一书印制了许多种廉价版本，发行到了数万，也可能是几十万读者手中。该书大获成功在相当大程度上归因于潘恩激进观点的吸引力，尤其是有

20

① 一些地方也将这份杂志译为《猪肉》。从字面看，意思是给猪吃的食物(food for pigs)，实际上它的目标读者皆为改革者，蕴含着杂志所发表文字皆为阶层较低者所写之意。此处译法希望突出该杂志名之喻指，传递原刊主旨精髓。

关缓解贫穷劳工之困苦的论述，但也要归功于潘恩擅于与普通民众沟通的特长。潘恩很在意他的受众，也很明了他期望对读者施加何种影响。他的风格直率、清晰，他选取的案例经过了精心编排，井然有序。他还具备一种绝世天赋，即能够把清晰、理性的论证与直击人心、激发想象的能力结合在一起。潘恩的著作并不像威廉·葛德文的《政治正义论》那样具有哲学上的深度（该书因而在激进派知识分子中影响深远），但是以他能收获巨大的受众群这一点而言，他超越了其他所有激进派理论家（Claeys，1989，chapter 3，4 and 5；Philipe，1988；Speck，chapter 5.）。

　　尽管激进派社团在 18 世纪 90 年代最首要的职能是政治教育，但是他们中仍有一些人认识到，有必要展示他们之间的团结一致，证明大众对他们的支持，因为这可以向政府精英们施加压力。不同的激进派社团都在努力推动联合行动。1793 年他们试图合作请愿，对查理斯·格雷（Charles Grey）的议会改革动议表示支持，不过这些联合行动并不能与早前由威尔克斯（Wilkites）发起的请愿运动以及联合运动（Association movement）相提并论。由于没有全国性的请愿运动，仅只一些轻率的独立请愿，无法证实激进事业获得了压倒性的支持。递交到下议院的请愿书共有 36 份，但其中有 24 份来自苏格兰，没有一份是从英格兰郡县来的。谢菲尔德请愿征集到了约 8000 个签名，来自伦敦的请愿书，可以确定仅有 6000 个签名；而在诺威奇的请愿书中签名者不超过 3700 人（Goodwin，1979，pp. 277－280）。当然，这些数据意味着，还是有相当数量的民众渴望议会改革，但是他们没能体现出群众性的支持，也没能表现为一股支持变革的不可抗拒的潮流。1795 年，激进派取得了更大的成功。这是因为，他们联合了议会中的福克斯反对派(Foxite opposition)及院外的温和意见派，组织了一次全国范围的抗议行动，来反对政府的镇压法。当时就这一议题大约有超过 130000 个签名的 95 份请愿书呈递给了议会。激进派在捍卫言论自由和集会自由的传统方面，赢得令人印象深刻的广泛支持；但即便如此，他们这一次还是无法阻止镇压法被立法写入法令大全。

一些激进派准备走得更远一些，不只是采取政治游说与请愿这样一些业已完善的技术。1774 年詹姆斯·伯格(James Burgh)首次提出"国民公会"(National Convention)的理念，托马斯·潘恩、约瑟夫·杰拉尔德(Joseph Gerrald)都步武其后，加以鼓吹，现在激进派们要着手将其落实。这些理论家们认为"国民公会"可以效仿美、法革命，起草一部成文宪法，来挑战现有的国家政治体制。激进派活动家中几乎没有人打算迈出如此革命性的一步，但是他们支持国民公会，因为这样可以将不同的激进社团团结起来，在改革方案上达成一致，以提交给议会与民众。1792 年 12 月，当 80 个苏格兰激进社团的 160 位代表在爱丁堡集会时，这些苏格兰改革家们算是迈出了实践"国民公会"的第一步。在此次会议上，他们达成共识，决议支持温和的议会改革，然而代表中的两位领导人物，托马斯·缪尔(Thomas Muir)、威廉·斯格文(William Skirving)却持有更激进的看法。缪尔在大会上宣读了一份来自于都柏林"爱尔兰人联合会"(United Irishmen)的演讲——这演讲被有些人认为具有煽动性。由于休会采用了法国大革命的程序，包括雅各宾派"不自由，毋宁死"的誓言，大会打上了法国大革命的印记。1793 年 4 月 30 日在爱丁堡再次举行国民公会，代表们也再次分裂为温和与激进两派，不过在激进派们的支持下，通过了一份决议：邀请英格兰代表来参加在秋季举行的更大规模的公会。可是，在秋季大会举行之前，托马斯·缪尔就被控犯下了言论煽动罪，而被判处流放博特尼湾（Botany Bay）。

　　缪尔受到的这种不公正、报复性的审判激起了广泛的民愤，再没什么可以阻止英格兰激进派社团选派代表前往爱丁堡集会了。伦敦通讯社选出莫里斯·马格利特（Maurice Margarot）和约瑟夫·杰拉尔德作代表，伦敦宪法资讯社的代表是查理·辛克莱（Charles Sinclair）和亨利·雷德黑德·约克。马格利特同时也代表诺威奇的激进派。谢菲尔德宪法资讯社最后选出了一位他们自己的代表。尽管只有这几位英格兰代表设法参加了爱丁堡的"国民公会"，但由于他们的声望与经验，这几个人在大会审议阶段起了决定性作用——他们设计了大会规程，主持了会议，制定出政策。他们对激进议会改革的投入、对法国革命步骤的认同，以及对现政权毫不妥协的挑战，都给苏格兰的激进派留下深刻印象，但同时也令当局惊慌。国民公会于1793年11月19日开幕。虽然他们表现出万众一心抵抗镇压的英勇，但还是没能阻止苏格兰当局于12月5日和6日强行终止会议议程。尽管国民公会从来没有提倡过暴力行动，但是包括斯格文、马格利特、杰拉尔德在内的几位领袖会员还是被判处煽动暴乱罪，流放到博特尼湾。创办"国民公会"是激进派理念的重大创新，但他们严重误判了大众对其活动的支持力度，也危险地低估了它在当局那里引发的恐惧心理（Goodwin，1979，pp. 284－306；Harriis，2008，chapter 3.）。

22

18 世纪 90 年代，在激进派所采取的策略中，最明显的弱点是没能团结贫困劳动力参与到议会改革大业中。几乎没有哪个激进主义者对组织劳工表示出激赏之意，他们也没有试图利用暴乱和群体游行向政府精英施压的大众传统，或者是打算来一场以法国革命为模型的暴力革命。激进运动的领导人都来自社会中等阶层，他们很少直接跟工人团体联系，也害怕因为看起来像是在宽容暴力或是直接的暴力行动而令有产阶级与他们相疏远。他们首要关注的是确保获得政治上的平等权利，而不是改善穷人的经济状况。

尽管许多工厂里已经出现了各种工会组织，并且也已经通过大量扰乱生产秩序的暴力活动及有效的组织工人罢工证实了它们的实力，但大多数激进派仍不认为，工人的产业优势有可能是政治变革的有力武器。大多数激进派理论家仍然受到他们自己的资产阶级社会观念的制约，个体自由也仍旧是他们关注的焦点。有一些迹象表明，有少数的激进人士正在逐渐开始意识到组织起来的工人的重要性及劳工理论的概念。约翰·赛尔沃和托马斯·潘恩都控诉道：有钱的雇主有能力联合起来把雇工的工资和生活条件稳定在某种水平上，但却没有这么做的原因是，当工人们为了维护自己的经济利益而联合起来，组织起以和平方式撤回自己劳动力的运动时，却遭到当局的反对。赛尔沃、威廉·葛德文认识到劳动力在创造财富方面扮演的重要角色，不过，他们并没有将这一洞识发展成为一种系统的劳动理论，因而也无法更加有力地去论证如何更为公平地分配财富。赛尔沃也朦胧地意识到，穷人们的劳动条件使得他们在一天的大部分时光里都聚在一起，这样的工作环境会促使他们对自己所遭受的不公有更为清晰的认识，也让他们更有机会把自己那可被量化的力量联合起来。但是这一意识并没有引导赛尔沃进一步设想，如果工人们能更好利用他们那可以加以计量的力量与经济的价值，那他们就可能走上自救的道路。没有任何一个激进派提倡采用经济行动，比如说，通过工厂罢工的方式，迫使有产阶级做出实质性让步。激进派很少有人出身于贫穷的下层阶级，或者全然认同于劳工大众。在实际事务中，激进派社团成员和工会活动家有一些交集，但这种现象并没有让人想到，应利用工会活动从事议会改革大业。当然，也有一些零星事例，比如，政治口号被用在劳资纠纷和粮食暴乱中，就像1792—1793年间在泰恩赛德、1795年在谢菲尔德发生的事件，但这些暴乱与罢工首要关注的并不是政治议题，并且事件参与者中很少有人属于政治激进派（McCord，1968；Wells，1977a）。

自1795年起，激进派受到政府的不断镇压，有迹象表明，他们中的一些政治活动家开始对群众示威游行的价值表示出赞赏之意，但并没有把利用广泛暴动当做影响寡头统治的策略。激进派偶尔组织过吸引到上千人参加的公共聚餐或者户外集会，但直到1795年，伦敦通讯社才开始举办超大型集会，以展示群众的支持，来鼓动改革大业。1795年10月26日，据说由超过十万人组成的一个浩瀚人群，集聚在哥本哈根庄园（Copenhagen House）附近的一块空地上，聆听约翰·赛尔沃、约翰·盖尔·琼斯和约翰·宾斯（John Binnes）支持政治改革与对法和平的演讲。这次集会促使政府以"危及治安集会处置法"（Seditious Meetings Act）和"叛逆法"（Treasonable Practices Act）的名义实施了镇压，但在这些措施被批准之前，激进派又组织了另外一些类似的集会。1795年11

23

月 12 日，依然是在靠近哥本哈根庄园的空地上，举行了一个更大规模的、也许是当时最大的以政治事业为目标的群众集会。约翰·赛尔沃、约翰·阿什利以及理查德·霍奇森在集会上谴责了政府的政策。当年 12 月 7 日，另一个类似的抗议集会在马里波恩场(Marylebone Field)举行。这些公众们表达了对政府镇压政策的群起反对，也有一些人是为了抗议高昂的粮食价格以及巨额的战争消耗。要所有出席集会的人都支持一个激进的议会改革是不大可能的，但这些集会方式却是激进派策略上的富有意义的革新。但是，它们并不意味着激进派已经计划从和平的群众游行转向武装暴乱，尽管当局确曾有此疑惧。1795 年谢菲尔德发生粮食暴乱时，一些激进分子试图煽动暴乱者们抗议对法战争、要求议会改革；当 1800 年英格兰西北部发生了粮食暴动事件时，一些激进分子也采取了类似策略，但这都只是一些孤立的案例，不能被纳入政治激进派的任何一种总体战略中(Goodwin，1979，pp. 391—398)。

在寻求实现政治变革的努力中，英国雅各宾派应用了许多与早期改革者相同的策略。不过，在对盘根错节而又自信满满的有产阶级施加压力这一让人望而却步的事业上，他们的确又探索了一些新方法。但他们没能发掘出劳工中那些已经被组织起来的力量，而且他们也并不愿意唤起一波破坏工厂秩序或者武装暴动的风波。当统治阶层拒绝接受改革，反而用镇压与迫害的方式解决问题时，大多数激进主义者丧失了信心，或者至少，他们在公开场合的行为变得更加温和了。然而，也正因如此，少数激进分子万不得已，开始转而采取密谋和暴力斗争的方式。大部分激进主义者一向宣称，他们

图六　《哥本哈根庄园》

詹姆斯·吉尔雷绘，汉纳·汉弗莱出版
手绘蚀刻，凹版腐蚀制版印刷，1795年11月16日发表
画面尺寸258 mm × 360 mm
现藏于伦敦国家肖像馆

　　该图表现的是激进派的一场集会。他们大多是穷苦阶层，聚集在伦敦哥本哈根庄园附近的空地上。三个激进派领袖站在人群前面木头搭成的平台上，底下的普通民众看起来都很丑陋，而且皮肤很黑——正是他们在支持激进事业并高唱改革请愿。

从未希冀在英国发起一场暴力革命，我们没有理由怀疑他们的声言。面对 18 世纪 90 年代末期政府的镇压，一小部分边缘的英国雅各宾派的确采取了改革前辈们极力反对的密谋、叛逆、暴力斗争等方式，第三章将具体探讨这些行动。但我们首先需要理解的是：采用和平运动方式为何不能实现改革目标？保守主义的力量是如何将激进分子推向革命的？

第二章 保守派的反击与政府的镇压

　　研究 18 世纪 90 年代激进运动的历史学家们常醉心于改革者们高贵而又充满英雄气概的努力，以至于倾向夸大那些渴望政治变革的激进主义者们的力量与团结。他们并不总是能够意识到以下这些问题：除了争取更加平等的人民代表权，激进派之间很少存在共识；他们从未建立起组织机构，或开发出能对统治阶层施加不可抗拒压力的某些策略；在他们的改革方案中，也没有能够团结那些数量巨大的贫苦劳工，动员他们使之成为改革方案的后盾。只有当经济不景气，激进派充当了贫困劳工的代言人时，才获得他们最大力度的支持。而必须要等到工业化和城市化已经深入发展，足以改变英国的整个经济和社会结构，改革才能取得最终的成功。由于错判了 18 世纪 90 年代激进派的力量，对激进派抱有同情的历史学家遂不得不去解释激进主义的失败原因。在他们看来，问题主要出在法国的过度革命导致了英国有产阶级的恐慌，政府由此出台政策镇压国内一切潜在的激进威胁。这其实只是激进派改革事业溃败的一部分原因。统治阶层确实采取了一个强有力的镇压政策来削弱改革运动，但是激进派可不是单纯就向更大的军事压力退缩屈服的。保守派，即改革的反对者们应时而生，他们发展出一套理论，从学理、道义上为现存的政治社会秩序辩护,这套政治理论不但令有产阶层精英,也令英国大部分民众信服。保守主义最终在反攻中占了上风,这是法律及社会秩序力量的一次成功,也是一次宣传的胜利。

意识形态与宣传

英国大部分有产阶级不需要法国大革命,甚至不需要埃德蒙·柏克在《反思法国大革命》(*Reflections on the Revolution in France*,1790)中以精妙的论证所教给他们的东西:畏惧激进改革,奋力维护现有的社会秩序。柏克认识到大革命是对全欧洲传统政治和社会秩序的威胁,尽管有产阶级不及柏克敏锐,但法国事件确实提高了他们认为政治形势危如累卵的意识。不过早在 18 世纪 90 年代之前很久,英国人就已明显表现出对英国宪法品质的坚定信念,以及抵制变革之坚决。可是,法国与英国国内事态的发展将那些长久以来潜藏于表面之下的观念转化为一种明确的态度:一是对现存宪法几乎不假思索的接纳、一是对变革的本能式畏惧,再就是信奉权力仅能赋予有产阶级精英的观念。一旦这些被视为理所当然之事受到了来自国内激进分子跟国外革命者的挑战,主流秩序的辩护士们很快就发展出一套具有相当吸引力、能够持久起作用且具备智性力量的保守主义意识形态。面对激进主义的威胁,保守派反击的首要目标是,广泛地说服公众,尤其是让政府管理精英们相信,英国雅各宾派所诉诸的改革目标将会像法国大革命一样摧毁现有的政治社会秩序。他们因而拿法国的混乱局面来对比英国的稳定与繁荣。保守主义

26

者的第二个目标是攻击激进主义论证的思想基础，清晰表述自己的意识形态，从而为现存秩序提供强有力的支撑。总之，所有的策略都是要证明，激进派不适合管理国家，而在英国现有宪法体制下保有权力的当政者们，恰好就是那些在一个法治良好的国度中理应行使权力的人。

大量的保守派出版物连篇累牍地挖掘诸如"九月大屠杀"、"路易十六及玛丽·安托瓦内特王后（Marie Antoinette）上断头台"等事件，他们用生动鲜活的笔触描摹血淋淋的细节，以此证明革命的恐怖和无政府的混乱状态。在他们的描述中，法国大革命既摧毁现有秩序、等级制度以及社会公正，同时又令穷人的处境更加艰难。英国的激进派也被刻画成嫉妒贵族统治阶级理应享有的荣耀和特权的危险的煽动家、野心勃勃的抗议者。在他们看来，雅各宾派激进主义者所能蛊惑的英国人，不过是社会上那些混混、浪荡子、小偷、骗子或者身无分文的乞丐。英国雅各宾派的改革目的就这样被刻意歪曲，实现其改革理念将产生的后果也被大加夸张。激进派所要求的议会改革被描绘成君主制及贵族政治走向灭亡的第一步，而其对政治特权的攻击则被看作是威胁私有财产及整个社会区隔的序幕；他们不遗余力地促进所有人的平等，不只使富人被掠夺殆尽，也会彻底毁掉穷人。只有煽风点火的混混才能在革命引起的混乱中获利。为了与国外革命已经导致的恐怖局面和国内激进派的威胁作对比，保守派宣传家们将不列颠描述为地球上最繁荣昌盛的国家，其国民在平等公正与法治体系下享有自由和财产，安居乐业。他们宣称，真正的自由建立在生命安全与财产保障之上；在英国，穷人与富人在法律面前人人平等，能够安然地保全自己的资产；有产

精英阶层严肃认真地对待自己的责任，为那些勤勉的穷人提
供保障。

英国人在历史上就对法国怀有刻骨仇恨，也一直恐惧激
进变革，此类政治宣传便诉诸于这一简朴的情感层面。但到
18 世纪 90 年代，保守派发展出一套更为复杂精妙的思想，
以回应改革呼声。保守派思想家宣称英国乃是一个混合型政
府，由国王、上议院和下议院构成的体系综合了君主制、贵
族制与民主制的优点，因此英国宪法能够确保自由、稳定与
繁荣。任何对于君主制或贵族制的攻击都会导致危险的不稳
定的民主制度，到那时，所有的从属关系都将湮灭无存，理
性的声音也将被暴力与狂热所吞没。避免混乱局面出现的关
键在于国王和上议院应该运用其庇护权来影响下议院的构成，
这样便能尽力巩固立法三方的关系，使之成为和谐的整体。
自由与稳定犹如双星，只有当财产可以发挥其天职的时候才
能确保这双星之利。有产者理应在议会中拥有自己的代表，
因为他们为这个国度贡献了如此丰厚的财富；也因为他们必
定能够充分考虑自己以及整个国家利益，投好其拥有的一票。
拥有财富可以使得一个人与他的国家紧密相连，这也会让他
为了保护财富而不断奋斗。相反，无产者并没有稳定的利益
需要去保护，且须受制于他人的意愿。穷人孤陋寡闻，随时
准备听命于他们直接的雇主，又很轻易地受到不安分的煽动
分子的挑唆。因此，拒绝给这些人以选举权是相当合理之事。
虽然现存的选举制度还有许多明显的不规范，甚至有些荒谬，
但它毕竟建立了一个代表着国家中强大、合法的社会和经济
利益的下议院。那些财富最丰、地位最高、才华最为超群之
士才可被选作人民的代表。既然是这些最卓越之人就座于议

图七　《巴黎小夜宵》

詹姆斯·吉尔雷绘，汉纳·汉弗莱出版

手绘蚀刻，凹版腐蚀制版印刷，1792年9月20日发表

画面尺寸287 mm×362 mm

现藏于伦敦国家肖像馆

　　该图是有关法国雅各宾派的画作。画家把法国雅各宾派激进分子表现为食人族，他们和食人族儿童正在食用在法国大革命"九月屠杀"中被送上断头台的法国贵族的身体。

会之中，那如何选举则无关紧要。

保守派政治宣传并不满足于仅仅证明现存政治体制下的诸多实际好处，或者只为展示这些好处是如何实现的；它也意欲摧毁激进派所诉诸的自然权利学说中的道德与智识基础。保守派思想家们不接受天然平等的概念，也反对所有人都应该享有选举权一说。他们同样不认为，公民政府（civil government）的建立仅为着将人不可让与的自然权利转化为广泛的公民自由，或者当权者应该听从纯粹理性的教诲。

尽管保守派承认所有人都具有一种共同的人性，但他们认为人跟人的身体、心智及命运诸方面既然如此的不平等，那么人们就不该要求在国家权力分配上达到平等。只有少数人具有可靠的判断能力、足够的智识和能力能够对他人发号施令。这些品质最有可能与生俱来，命运安排了一小部分人可以享有独立，拥有闲暇的时光和受教育的机会，而所有这一切都是为了他们做好准备，去胜任管理他人的任务。这是自然所赋予，不可抗拒的，所以具有天赋的这一小部分人应该在国家机关中享有最大的权力，而天赋差的人应该服从天赋比他们高的人。欲摧毁社会中的自然等级，强行建立一个不自然的平等秩序，便不得不动用暴力。尽管所有人都拥有判别正义的权利，拥有合法保护他们的生命、个人自由及私有财产的权利，但他们并不具有自然赋予的运用政治权力的权利，也不具备选举立法者的投票权。这类权力并不是所有人皆能拥有的自然权利，而是任何一个公民政府皆可以它认为适当的方式自由地授予或者否认的权利。它不是自然权利，因为它既不可以当作保有公民政府的必要手段，对于保护臣民来说，也不是必不可少之物。谁才可以完全被信赖地赋予此项权利呢？这需要审慎决断，便宜行事。每一个社会在此议题上都必须做出自己的抉择。因此对英国人来说，将投票权授予有产的少数人是合理正当的。

在激进派坚持认为公民政府的建立就是为了将人的自然权利转换成广泛的公民自由权的当儿，保守派理论家们也坚持说政府有必要保护私有财产、维护自然的社会区隔、抑制人自私与狂热的本性。最稳定的政府是人的需要和敬畏的结果，而非深思熟虑的理性与意志的产物。政府权威并非仰赖任何原始契约或者任何已知的基本原理，而是依赖于一个社会特殊的历史与经验。英国宪法亘古以来便已存在，它是经验累积的产物，是数世纪以来不断试错的结果，因而也是规范性的。它已经为适应改变了的环境和不断变化的人民习性做了成千上万次调整。在判断像这样一部宪法的价值时，定要清楚人的经验远甚于人的理性。就算是那些最聪明、最敏锐的人也不敢擅自认定他们的理性已经超越人类千百年的历史经验，倘有这种想法，那可是相当危险的狂妄自大。尊重一个社会的历史过往，接受它的现存法治的权威，这要比努力在思辨理论基础上创建一个新秩序，或意图将权威诉诸于抽象的普世原则更让人钦佩。国家是一个复杂的有机体，不可以被轻易重塑，也不应该随意更改。对政治行动来说，仅有抽象理性原则是不够的，不能做出有效指导。审慎的首要原则是，更看重一个社会根深蒂固的观念、传统及偏见，而非纯粹理性(Dickinson，1977，pp.270—318)。

1790 年 11 月埃德蒙·柏克的著作《反思法国大革命》出版。这本书充斥着对法国大革命的夸张敌意，和对英国激进派智识论点的精妙攻击。在许多有产精英们仍在观望、对法

29 国大革命持保留意见的时候，柏克即已决定警醒国人，使他们注意他察觉到的法国革命中所蕴含的危险。他惊骇于法国的革命进程，也非常恐惧在英国有可能出现类似的变化。柏克大部分著作都在针砭理查德·普赖斯及其他渴望议会改革的激进派们。在柏克看来，如果没有人反对这些激进派们，那他们将会摧毁现存的教会与国家秩序，消灭社会层级、和谐及公正，并怂恿贫困群众抢夺富人的财产。柏克的这些担忧并未立即为人们接纳，不过，随着法国社会日益步入混乱无序状态、恐怖行动成为家常便饭，再加上战争的进一步发展，以及英国国内雅各宾派力量不断壮大，人们越来越重视他对这个国家发出的警告。对法国革命者的怨憎，对英国雅各宾派将如法炮制法国革命的担忧，成为议会与媒体政治宣传的基调。一拨政治家开始追随柏克，重申他的观点，而其追随者数目也还在不断增加。由于越来越多的保守辉格党以柏克为榜样，并与查尔斯·詹姆斯·福克斯(Charles James Fox)及其他很多自由辉格党决裂，所以政府获得的议会的支持也在稳步增长。在议会中，甚至只是极为温和的改革，也难以找到足够的支持者——这令他们的人数迅速减少到只有50位议员左右。

尽管人们并不一定接受柏克所有的具体观点，但这时期出现了大量的保守主义文献，形成一个名副其实的潮流，而它们全都笼罩在"柏克忧惧"(Burke's fears)之下。其中，最为精妙、最具影响力的著作有约翰·鲍里斯(John Bowles)的《对托马斯·潘恩〈人权〉的抗议》(*A Protest against T. Paine's Right of Man*，1792)，威廉·普莱费尔(William Playfair)的《议会改革不可避免之后果》(*Inevitable Conse-*

图八　《嗅出一鼠;或,无神论革命者午夜盘算受惊扰》

詹姆斯·吉尔雷绘,汉纳·汉弗莱出版
手绘蚀刻,凹版腐蚀制版印刷,1790年12月3日发表
画面尺寸258 mm × 365 mm
现藏于伦敦国家肖像馆

　　该图是各种与威廉·皮特相关的讽刺画之一。这幅画表现的是,理查德·普赖斯正伏案奋笔疾书激进读物时,却被背后伸出来的埃德蒙·柏克那颗巨大如幽灵般的头颅所惊吓。普赖斯本是非国教徒牧师,画家却有意"误"称他为"无神论者",暗指他与法国革命者有所契合。

quences of a Reform in Parliament，1792)，威廉·文森特
(William Vicent)的《短评"拉平"》(Short Hints upon Level-
ling，1792)，罗伯特·内尔斯(Robert Nares)的《政府的原则》
(Principles of Government， 1792)，亚瑟·扬（Arthur
Young)的《法国的例子：给不列颠的警告》(The Example of
France，A Warning to Britain，1793)，约翰·里夫斯(John
Reeves)的《考量英国政府》(Thought on English Government，
1795)。另外还有一些出自保守主义牧师如塞缪尔·霍斯利
(Samuel Horsley)、威廉·佩利(William Paley)、理查德·沃
特森(Richard Watson)之手的布道词。为了对抗英国雅各宾
派的崛起，许多效忠派(Loyalist)组织也涌现出来。这些保守
主义作品中的一部分，就是经他们的手得以在底层大众中传
播开来的。这些组织也模仿激进派如丹尼尔·伊顿、托马
斯·斯彭斯等人的方式，推出了自己的出版物。他们发行了
很多廉价的保守主义小册子，有论文、信件、演讲、诗歌，
有的则从政治学经典著作中摘录片段而成。在"反革命"
(Counter-Revolution)的宣传品中，一本颇具战斗经验的杂志
是由乔治·坎宁(George Canning)、威廉·吉福德(William
Gifford)、约翰·胡克曼(John Hookman)在 1797 年 11 月至
1798 年 7 月创办的周刊《反雅各宾》(The Anti-Jacobin)。保守
派的政治领袖们不定期给杂志供稿，令这一文萃类杂志通过
各种渠道的销量，每周可达 2500 份左右，此后他们还出了该
杂志的合集，共发行了四版。《反雅各宾》后来被《反雅各宾评
论》(The Anti-Jacobin Review and Magazine)取代，这份月
刊一直活跃到 1821 年。但是更为成功地深入下层民众之中的
保守派政治宣传是由汉娜·莫尔(Hannah Moor)做到的。

30

图九　《一个民主派；或，理性与哲学》

詹姆斯·吉尔雷绘，汉纳·汉弗莱出版
手绘蚀刻，凹版腐蚀制版印刷，1793年3月1日发表
画面尺寸363 mm × 262 mm
现藏于伦敦国家肖像馆

　　该图是有关福克斯的印刷品。画家把议会反对派查尔斯·詹姆斯·福克斯表现为追随法国人的嗜血激进分子，腰插沾血的匕首，对着英国土地张开血盆大口。他头戴法国的"自由之帽"，口唱法国革命歌曲"Ca Ira"（《将来会更好》*It will be fine*），欢乐起舞。画中人物没有穿裤子，暗指此人是激进主义者（sans-culotte，法国激进派术语，即"无套裤汉"）。画中人物并没有被点名，但从他的络腮胡须、浓密的体毛等特征来看，画家显然描绘了一个辨识度极高的福克斯形象。

1792 年，她受到伦敦主教的支持鼓励，出版了非常成功的《乡村政治》(*Village Politics*)一书；之后，在 1795 年至 1798 年期间，又发表了一系列类似的小册子，都收入《便宜小智库》(*Cheap Repository Tracts*)丛书。丛书中有接近一半的小册子都是由汉娜·莫尔独立完成的，而其余部分则是由与她观点相近、目标相同的人士供稿。该套丛书每册定价 1 便士或者 0.5 便士，到 1798 年，丛书已经销售了近 200 万册。这些书在车间、学校、济贫所，乃至于军队中广为流传，尽管许多买主都是有产人士，他们为了向底层民众灌输保守主义价值的教诲才买这些书，但不可否认的是，这些书确实比潘恩及其他一些激进派宣传家的作品获得了更多读者。(Hole, 1983, pp. 53—69)。

对保守主义宣传来说，政治讽刺画和卡通漫画既吸引受过一定教育的公众，也是通向下层阶级民众的另一条道路。包括伊萨克·克鲁克香克(Isaac Cruickshank)、詹姆斯·吉尔雷(James Gillray)、托马斯·罗兰森(Thomas Rowlandson)在内的许多讽刺画家们明确赞颂英国宪法，希望保护它，使其免于外来的(without)攻击和内部的(within)颠覆。[1] 在印刷出来的大量讽刺画中，潘恩、普赖斯、普里斯特利都被描绘成危险的阴谋家，正密谋采用暴力方式破坏宗教秩序和国家宪法。"革命社"成员被攻击成举杯诅咒国王倒台的人，诺威奇的激进派们被谴责为时刻准备为了法国的利益而要出卖自己国家的人，伦敦通讯社员们则被描绘成是一群既野蛮又

---

① 这里的"外来"指的是统治精英以外的民众，"内部"则指的是政治精英集团内的激进分子。

贫困的阴谋家。许多印刷品都警告，如若英国人所珍视的宪法被法国模式所替代，则国家必将陷入恐怖状态，到那时，暴力充斥、混乱无序与贫穷困苦将是不可避免的后果。此类印刷品中，很多都得到效忠派团体的大力资助，因而它们可以以更为廉价的价格打包购买，以向底层民众散发（Bindman）。

这场保守派政治宣传战中涌现的许多作品不是由政治精英主笔，就是直接受到他们的鼓舞而创作。这一点跟对报业的调查所清楚显示的结果并不总是相同。伦敦的一些著名报业都是由有产精英们把持操控或受其资助的，因此保守派的政治宣传有望出现在那些亲政府的报纸如《太阳报》（*Sun*）、《真正英国人》（*True Briton*）、《预言报》（*Oracle*）等上面。但在各郡县，地方报业操纵在独立的中产阶级经营者手中。他们中的多数人都明显地持保守派观点，也认定他们的大多数读者如他们一般。史家倾向于强调激进主义媒体在地方上的兴起，但我们必须要考虑到也还存在许多报纸，源源不断地发布各种经过设计的消息和观点，立意要稳固现状。保守派的《曼彻斯特信使报》（*Manchester Mercury*）、《曼彻斯特时报》（*Manchester Chronicle*）至少卖得跟激进派的《曼彻斯特先驱报》一样好，并且持续的时间比它还要长。在泰恩赛德，改革派所出版的《纽卡斯尔时报》正面临着来自保守派报纸《纽卡斯尔广告人》（*Newcastle Advertiser*）和《纽卡斯尔报》（*Newcastle Courant*）的严峻竞争压力。《纽卡斯尔报》尤其要定期发表文章责难那些蓄意破坏政府的人，同时频繁刊发能破坏激进事业发展的新闻。1794 年 5 月 14 日，每一个《纽卡斯尔报》读者都收到了一份随报赠送的四页宣传册，题为《穷人的朋

31

Promis'd Horrors of the French INVASION, __ or __ Forcible Reasons for negociating a Regicide PEACE. Vide The Authority of Edmund Burke.

图十　《恐怖必定降临于法国入侵时；或，弑君和平之缔结的强大理由》

　　詹姆斯·吉尔雷绘，汉纳·汉弗莱出版
　　手绘蚀刻，凹版腐蚀制版印刷，1796年10月20日发表
　　画面尺寸325 mm × 437 mm
　　现藏于伦敦国家肖像馆

　　该图表现的是对法国侵略的恐惧。这幅画属于政府的文宣作品。政府试图让民众了解：如果以福克斯为首的议会反对派支持激进改革，法国革命的危险也会降临到英国人的头上。政府以此来恐吓民众。画作描绘的就是丑陋的法国军队胜利行进到伦敦中心的景象：国王已被砍头，贵族、法官、大臣们不是被砍头就是被绞死。首相威廉·皮特被束缚于权杖杆子之上还试图够取法国红色自由之帽，查尔斯·詹姆斯·福克斯正拿桦树条鞭笞皮特，而后面的人群则打起法国国旗。一头约翰·牛（普通英国人的象征）开始发疯，像个愤怒的暴民一样在街道上横冲直撞。整幅画的背景是伦敦塔在焚烧。

友》(*The Poor Man's Friend*),意在警示底层大众不要被野心勃勃的狂热分子引入暴动与混乱中。在莱斯特和伯明翰,甚至是诺威奇和谢菲尔德,保守派报纸也都在很起劲地抨击他们的激进派竞争对手。在那些工业化程度较低的地区,保守派轻易就大获全胜,因为人们每天都要精读诸如《约克报》(*the York Courant*)、《切姆斯福德时报》(*the Chelmsford Chronicle*)、《苏塞克斯广告人周报》(*the Sussex Weekly Advertiser*)这类保守派报纸。

效忠派社团(Loyalist Associations)

人们通常认为,那些持有自己政治目标的院外社团是18世纪晚期激进派团体的特有成就。事实上,这一类给人留下深刻印象、传播广泛并为人所熟知的团体中,也有一些是由反对变革、希望挫败改革者目标的人建立起来的。18世纪90年代,有好几个保守派或者效忠派社团在整个不列颠蓬勃发展起来。这些社团可并不简单地只是有产精英强塞给无政治敏感的大众的产物,实际上它们吸引了整个英国中等社会和较低一些阶层的许多人士。渴望维护现状是许多普通民众的本能反应,他们很清楚在过去的一个世纪里英国所取得的显著进步,也了解法国目前法律崩溃、秩序混乱的状况,并拿这两种境况来进行对比。

1787年到1790年,非国教徒开展了要求撤销《宣誓条例》(Test Acts)与《市镇社团法案》(Corporation Acts)的运动,保守派社团把这一事件当作是它们反对改革的首次亮相。这一次非国教徒的政治运动令英国圣公会教士备感压力,他们高呼"教会危险了"这个老旧的口号，以图凝聚共识，反对撤销法案。正在人们就此一议题辩论不休的时候，1790 年 3 月，埃德蒙·柏克挺身而出，攻击了非国教徒们所诉诸的自然权利说的全部原则。他指责理查德·普赖斯等理性非国教徒(Rational Dissenters)和无神论者、无政府主义者有如一丘之貉，他们那具有颠覆性的改革方案意欲摧毁业已存在的教会和国家秩序。柏克加入这场论战对保守派阵营是一桩令人印象深刻的事件，不过更加值得注意的是来自遍布全国许多地区的教会与国王俱乐部(Church and King clubs)所推动的宣传。为了挫败非国教徒和改革者的联盟，这些俱乐部做好了充分准备，欲图诉诸威慑手段。1791 年 7 月的"巴士底狱日"那天，正当伯明翰的非国教徒和改革者们组织庆典时分，三个地方法官火速组织并指导了一场大众示威集会，以示抵制之意。这场原本是为了表达对教会与国王效忠之情的示威集会，很快堕落成为一次暴力骚乱，而法官们却已经无法控制局面。效忠派们捣毁了非国教徒们集会的房屋，也将资深改革者约瑟夫·普里斯特利(Joseph Priestley)的住处洗劫一空。普里斯特利和其他几位非国教徒被驱逐出城，改革运动的力量大为削弱。尽管信奉国教的地方法官袒护了许多暴乱者，但情况也很明显，在伯明翰，保守主义的态度是何其盛行(Rose, 1960)。曼彻斯特的一个教会与国王俱乐部反对任何要求撤销《宣誓条例》与《市镇社团方案》的行为，并警觉地关注着致力于议会改革的激进派团体的创立。俱乐部成员们指控地方激进派阴谋颠覆宪法，也谴责那些威胁要把混乱和无序引入英国的人们的野蛮理论和煽动性原则。1792 年 12 月，教会和国王俱乐部的一伙暴徒将恐惧和仇恨直按宣泄到

图十一　《伯明翰祝酒》

詹姆斯·吉尔雷绘，塞缪尔·威廉·福雷斯（Samuel William Fores）出版

手绘蚀刻，凹版腐蚀制版印刷，1791年7月23日发表

画面尺寸284 mm × 518 mm

现藏于伦敦国家肖像馆

该图表现的是包括查尔斯·詹姆斯·福克斯在内的议会反对派们在伯明翰举杯庆祝"巴士底狱日"的一幕。福克斯位居画面中心，画面左侧是理查德·谢里登。激进派思想家约瑟夫·普里斯特利正在敬酒。画面右侧则是群聚的普通激进派分子。

曼彻斯特那些著名改革者的人身和财产上。尽管有证据表明，地方法官们对那些暴乱者给予了无声的嘉许，甚或可能是积极的鼓励，不过，平民大众对于改革者抱有敌意，也是非常明显的。

曼彻斯特骚乱是 1792 年年末一个更广泛的保守主义运动的一部分——这个运动将保守派和效忠派的观点团结一，以对抗激进派。法国所发生的事件强化了政府对于国内改革的恐惧，导致它于 1792 年 5 月 21 日发布一份王室公告，来抵制诸多深具煽动性的政治文宣。全国许多地区都组织集会表示支持，王室公告发表在报纸上广为传播。到 1792 年 9 月，来自全国各处的地方士绅、法官、国教会教士们鼓动起草了大约 386 份效忠国王的誓言，以表达他们矢志统一公众意见，支持现行宪法的决心。政府被这种公开表达的民众支持所震撼，开始考虑如何以最好的方式在国内挖掘保守派的主张，以其声势来震慑激进派。1792 年 11 月 23 日，一份亲政府的晚报《星报》(Star) 刊载了一则公开通告，推动组建了"保护自由与私有财产、反对共和派与平等派协会"(Association for the Preservation of Liberty and Property against Republicans and Levellers，简称 APLP)。发布这份通告的是约翰·里夫斯(John Reeves)，他后来宣称此举是一次独立行动，但他此前曾做过纽方兰(Newfoundland)的首席法官，也担任过威斯敏斯特警察法院法官的政府出纳员。就算他没有直接受到政府的鼓励，至少也心知肚明：内阁会对该计划加以赞许。政府一定是欢迎这一提案，并且会帮助它面世的。

1792 年 11 月，第一家"保护自由与私有财产、反对共和派与平等派协会"(APLP)由里夫斯在伦敦的一家名叫"皇冠

与铁锚"(Crown and Anchor)的小酒馆创建。截至当年 12 月，
在首都及其邻近的郡县也建立了几家"保护自由和财产协会"
（APLP）。到 1793 年初，该协会先是向西部扩散，紧接着到
达内陆腹地，最后则直达北部和东部。尽管"保护自由和财产
协会"（APLP）在诺福克（Norfolk）、林肯（Lincoln）的力量相当
微弱，而且诺森伯兰郡（Northumberland）、坎伯兰郡（Cum-
berland）及威斯特摩兰郡（Westmorland）有可能从未建立过该
社团，但它仍然迅速地成为全英国最大的政治社团。可以确
知的隶属于该协会的组织，总计就达数百所；里夫斯宣称全
英有 2000 个"保、反、平协会"（APLP），可能也并非大言。
大多数活跃会员都是地方上的有产人士，不过他们都能从更
低阶层民众那里获得大力支持。在乡村地区，乡绅、自耕农、
教士在这些效忠派社团的委员会中扮演了骨干角色，而商人、
手工业者和专业人员则是城市效忠团体的主要活跃分子。例
如，在曼彻斯特，37％的会员是手工业者，零售商占到
14％；而在伯明翰，三分之一的成员都是教士。底层民众并
不在积极分子之列，但他们一定受到鼓舞去支持效忠派的宣
言。我们看到，成打的效忠派宣言上都有数百个地方人士的
支持签名，有几份的签名超过上千，而一份来自巴斯的记录
更是令人印象深刻，上面有 5033 个当地居民的签名。看起
来，相比激进派社团而言，这些效忠派社团的数量似乎更多，
并且可能更受欢迎。

　　这些效忠派社团采用了和激进派社团一样的组织形式和
某些宣传策略。每一个社团也都任命一位主席、一位秘书和
一位财务人员。他们也筹集捐助，组织讨论、聚餐、游行；
通过宣言和决议等活动；而且社团之间保持联络、互通信息。

出品和分发大量的印刷宣传物也是他们的活动方式。里夫斯在伦敦领导的"保护自由和财产协会"(APLP)就出品了许多最为优秀的政治文献,不仅印制他们自己的宣传小册子,还传播了数百份保守主义的小丛书,包括汉娜·莫尔、威廉·佩利、约翰·鲍里斯等人的作品。曼彻斯特的社团也几乎同样活跃,在短短两个月时间里,它就印制分发了 10000 份他们自己撰写的保守主义宣言,还有 6000 份出自其他人之手的宣传小册子。几乎所有的效忠派宣传册都在大力强调,法国已经坠入了政治混乱状态,与之形成对照的,是那些在英国宪法保护下的人们正在享有的诸多美好生活。他们指控英国的激进派已沦为法国的工具或者受到了法国的欺骗,呼吁英国人民团结起来,去捍卫现存的社会秩序(Dozier,1983,pp. 53—69,76—97;Mitchell,1961;Ginter,1966;Dickinson,1989,chapter 5.)。

效忠派社团并不满足于说服的方式。为了击败激进派对手,他们还要诉诸于恐吓与迫害。在曼彻斯特,以再度活跃起来的"教会和国王俱乐部"为基础的效忠派社团,鼓动了 1792 年 12 月的暴乱——在这场暴乱中,一伙暴徒袭击了托马斯·沃克的家宅,《曼彻斯特先驱报》的办公室也遭了殃。1792 年到 1795 年,另有几场暴动发生在曼彻斯特、利物浦、索尔福德及兰开夏郡南部的其他地方。由于卷入暴乱的人数经常过于庞大,因而他们不应是被雇佣来的地痞流氓(Booth,1983)。在其他很多地方,效忠派为了震慑住他们的激进主义对手,组织了很多大型招待会、游行、焰火晚会以及其他类型的活动,用以展示公众的支持。1792 年年末到 1793 年年初,在遍布全英的几十个城市中,人们起而烧毁托马斯·潘恩的画像。许多效忠派团体警告那些旅馆和酒馆的小老板们，如果这些小业主们允许激进派分子在他们的地盘上组织煽动性集会，那他们自己的营业执照就将被吊销。倘若无法进入这些公共空间，激进主义者们也就很难组织大型集会或者定期集会。很多小旅馆和酒馆经营者都收到了这一类的恐吓。1792年12月20日，巴斯的大约111个旅馆客栈老板郑重宣告，不接待将会危害到公共秩序的集会。在苏赛克斯，约有700个旅馆签署了类似的声明，此后其他许多城市也都循例而行。还有很多效忠派社团很积极地仔细侦查当地激进派的活动，及时向当局上报各种可疑行为。在很多地区，他们都充当了政府的耳目；有时候他们甚至自掏腰包给提供煽动活动证据的线人以奖赏。

许多效忠派社团存在的时间并不长，因为它们所在地方的激进派势力被他们迅速摧毁，效忠团体也就随之解散。随着英国内部爆发革命的威胁逐渐式微，效忠派的宣传力度也在减弱，其社团活动渐渐丧失了焦点与方向。从另一方面来讲，1793—1795年，由于法国入侵的危险日益临近，许多效忠派社团将它们的注意力转向了战争动员上面。越来越多的效忠派参加了军队；保卫国家，争取对法战争的胜利，乃是他们的首要目标。效忠派社团帮忙提高津贴，以资助海军士兵的招募；筹措资金，以救济烈士遗属；掏钱购置更多的衣物跟补给，以向位于佛兰德斯（Flanders）的英军提供给养。为了以上目标，人们在伦敦、朴茨茅斯、南安普顿（South-ampton）、纽卡斯尔、曼彻斯特及许多其他大城市中，总共筹集了好几万英镑。随着战争不断扩大、入侵威胁不断增加，效忠派社团甚至转变成了军事力量的招募对象，他们对外抵

35

御任何随时可能降临的侵略，对内则恐吓任何残存的激进派力量。

　　与法国的战争最大限度地消耗了英国政府的人力资源，因为政府希望尽可能迅速地扩充海军与陆军。此时的英国政府一方面需要抵御外来侵略的军力，一方面需要维护国内社会秩序的警力，为此，它迅速地将眼光转向了地方军事武装（民兵）。政府鼓励那些最孔武有力的优秀男子加入正规军，然而这样一来，地方武装也就被顺带缴了械；除此之外，在某些地区，还建立了反对投票服兵役的人民抵抗组织（popular resistance），随后，这些组织又被用来镇压暴动和工厂骚乱。显然，此时急需一个更强大、更可靠的军队，以同时抵制来自国内与国外的双重颠覆的危险。这一认识导致人们对组建一支准军事志愿军提出了各种建议——这支军队将有产阶级武装起来，而解除那些不可靠的穷人们的武装。这些提案被呈递给政府。1794 年 2 月，内阁探讨了招募乡绅和乡村自耕农进入骑兵军的可能性。1794 年 3 月，政府决定，在已有的效忠派组织的基础上组建一支这样的军队。这一决定使志愿军的征募合法化了。志愿加入骑兵队伍的精英人士需要自备战马（理所当然，这一要求也就把征募队伍局限在了有产阶层人士之中），但是政府准备为他们和步兵团提供武器、制服和装备。为了支付这些开支，政府并没有向议会伸手，申请公共财政的支持，而是直接转向效忠派们，呼吁他们提供私人捐资。短短几个星期，17 个郡县及 6 个城市中的人们所允诺捐献的金额就接近 10 万英镑。尽管有一些反对的声音，但是仍然有成千上万的效忠派捐资。贵族阶级和乡绅的贡献最大，但也有一部分资金是从中产阶层那里募集到的。诸如

约克郡和威尔特郡（Wiltshire）这样的郡县，所提供的资金最
为丰沛。在几个城市里，包括伦敦、伯明翰、曼彻斯特、艾
克塞特（Exeter）及布拉德福德（Bradford），效忠派团体或是征
集同志，组织归属于他们的志愿军队伍；或者干脆自我奉献，
整个儿地投入志愿军中。在其他很多地区，效忠派团体为新
组建的国防军提供了大部分资金和很多高级军官。1794 年年
底之前，大量男子应征入伍；不过志愿军的队伍还在持续增
长，直到 1804 年英国面临入侵时，志愿军已经达到了 45 万
余人。虽然从来没有征召与法国人正面作战，但在维护国内
秩序上，志愿军确实成为一支主要的警察武装。然而，从很
多方面来看，志愿军的首要意义在于充当政府宣传的工具。
它证明了有产阶层为了保护自己的特权地位而斗争的意愿是
多么强烈。只有品性非常可靠的穷人才被允许作为地主或雇
主的私人战士加入军队；即使参了军，他们仍得听命于他们
自己的地主或雇主。是否愿意提供与本人所在的阶级层次相
适当的服务，已成为是否忠诚于现政权的一次政治考验。游
行、军事演练、庆祝晚宴上的爱国演讲都经过精心设计，为
的是展示有产阶层的力量和献身承诺。志愿军不只是要威胁
他们的激进派对手，也极大地鼓舞了公众的忠诚感和爱国主
义情怀（Dozier，1983，pp. 138－171；Western，1956）。

36

图十二　《约翰·牛左右为难》

詹姆斯·吉尔雷绘,汉纳·汉弗莱出版
手绘蚀刻,凹版腐蚀制版印刷,1792年12月19日发表
画面尺寸311 mm × 388 mm
现藏于伦敦国家肖像馆

　　该图画的是首相威廉·皮特站在海岸遥望对岸的法国。他问约翰·牛：倘若法国入侵,是否准备好与法一战? 约翰·牛显出很害怕的样子,表示并不确定是否要去战斗。约翰·牛一手拿着激进主义花环,一手拿着效忠派花环。他的一个口袋里装着柏克的保守主义小册子《反思法国大革命》,一个口袋装着潘恩的激进著作《人权》。这幅画表现了普通英国民众很难抉择,是追随法国式激进主义,还是站在保守主义一方来反法。

合法镇压及政府迫害

1792 年 5 月 21 日，政府发布的反对一切煽动言论的王室公告，标志着政府动用其行政、司法及立法权力着手破坏与摧毁英国激进派运动的第一步。尽管英国对激进派的镇压比同一时期的法国所实施的镇压温和得多，相比起一些现代政权的政策来说也颇形逊色，但人们有时仍将当时英国政府的策略称为"皮特的恐怖统治"（Pitt's Reign of Terror）。尽管如此，不可否认的是，英国政府决意要摧毁激进派的威胁，令许多仁人义士遭受苦难，而他们唯一的罪责就是渴望改善多数普通人的生活境况。

一旦政府确信激进派严重威胁到了法律和社会秩序，内政部就被命令，着手调查激进派的活动，详细审查他们的作品。内政部的成员包括一位国务大臣[亨利·邓达斯（Henry Dundas），其任期到 1794 年结束，继由波特兰公爵（Duke of Portland）接替]，两位常务副大臣——18 世纪 90 年代最活跃的是埃文·内皮恩（Evan Nepean）与约翰·金（John King），以及十几位办事员组成。另外，内政部官员理查德·福特（Richard Ford）负责管理创办于 1792 年的伦敦警察局；从 1793 年开始，在内政部下设立了一个二级机构"境外处"（Alien Office），由威廉·维克汉姆（William Wickham）负责，职责是监视所有到访英国的外国人，尤其是法国人。部内还设立了一个很小的情报部门，詹姆斯·沃尔什（James Walsh）是其中极为活跃的分子。内政部可以要求伦敦警局和领俸地方法官提供援助，同时它也从许多与政府有共鸣的治安官

37

(JPs)①以及遍布全国的数百个邮局和边检人员那里收集情报。治安官们上报任何有关社会失序的事务，邮政局负责查看可疑人员的信件，海关人员则密切留意所有进出英国的旅人。英国驻外官员们也要报告已离境的英国及爱尔兰激进分子在国外的活动。地主、雇主、牧师和小旅馆老板等私人个体，也要向内政部上报他们所在区域内激进派的活动。在交上来的情报中，有些信息显然是危言耸听夸大其词的，有些信息则是出于怨恨的动机，或是挟私报复，或是信息提供者希望借此高升。所有这一类证据常常是不可靠的，带有偏见，不过内政部并不像其批评者所坚持认为的那样天真幼稚，容易受骗。它已学会从海量的报告跟密信中筛选出相对真实的信息，它也并非时时信任告密者。

内政部最饱受批评的一点是起用间谍及为告密者支付酬金——其中一些告密者还由此开启了日后身为一个特务的成功事业。批评者们谴责这些告密者们为了自己的职业而肆意捏造证据。告密者甚至被指控为是煽动家：他们故意诱使那些愚笨之人去大讲煽动性的言词，或是鼓励他们参与颠覆活动，然后将其出卖给当局。看起来，有一些间谍正是以这样的方式活动的。詹姆斯·鲍威尔(James Powell)，是名政府特务。他在1795年加入了伦敦通讯社执行委员会，之后还加入过"英格兰人联合会"(united Englishmen)的阴谋活动。虽然从18世纪90年代末开始，政府特务变得远不那么可靠了，

---

① 即"Justice of the Peace"。治安官由大臣推荐地方上有资财、受过教育的人给国王，经国王遴选来担当。他们受命管理城镇和乡村的治安，可以处理一些小的案件和纠纷，有权罚款或者把某人短期监禁于地方监狱，但无权施以死刑、流放或长期监禁。

但在最初，内政部的确雇用了一批效率极高且隐蔽极佳的特务，他们成功地潜入伦敦通讯社及其他激进派社团内部，递交了一些极为详细而又可靠的报告。乔治·利那姆（George Lynam）、威廉·梅特卡夫（William Metcalfe）、约翰·格罗夫斯（John Groves）等人都曾成功地伪装成真正的激进分子，但实际上却为政府提供着清晰而精准的情报。随着间谍的大规模应用，政府有时也会雇佣到一些效率较低或者并不那么严谨的人，但是内政部并不总是被不可靠的特务，比如威廉·巴罗（William Barlow）的那些夸大其词的报告所欺骗。自从政府真诚地相信它面临着阴谋团伙的颠覆威胁，而且到 18 世纪 90 年代末还真的遭遇到了一次之后，内政部便无路可走，唯一的办法就是雇佣间谍、收买线人。（Emsley，1979；Wells，1983，chapter 2）。

　　政府大臣们的确相信革命派阴谋的存在，也确信付诸严酷行动来抵抗激进派威胁是正当合理之事。在他们的观念里，这种威胁值得动用司法的或立法的权力来解决。在这种观念支撑下，导致了最声名狼藉的司法判决案例，即 1793—1794 年对苏格兰暴动的审判，以及 1794 年在英格兰举行的叛国罪审判。1793 年，在缺乏有力证据的情况下，托马斯·缪尔与托马斯·菲舍·帕默（Thomas Fyshe Palmer）被判处流放到博特尼湾。1794 年年初，威廉·斯格文、莫里斯·马格利特与约瑟夫·杰拉尔德也因为参与爱丁堡国民公会的活动而被审判。为确保能将这几人定罪，法庭精心挑选陪审团成员和一位对激进派深怀敌意的法官来行使司法权力。这场粗暴的审判引起了广泛的愤慨，因此当 1794 年年末几个英国激进派领袖遭到"叛国罪"之名的指控时，托马斯·厄斯金（Thomas Er-

38

skine），这位具有高超专业素养的法律专家便挺身而出为他们做无罪辩护。当时托马斯·哈代、约翰·霍恩·图克、托马斯·霍尔克罗夫特、约翰·塞尔沃及其他几位领袖皆被控以叛国罪(high treason)，每一片呈堂证供都为的是让陪审团相信，英国只不过侥幸地逃脱了暴力革命。厄斯金的能力就在于能毁掉这些上诉，瓦解关键证人证词的可靠性与真实性。几个回合下来，他们陆续被宣判无罪，民众对此欢呼雀跃；最终，政府放弃了对这些人处以叛国罪的努力，还释放了其他一些因涉及此案而被羁押的囚犯(Wharam)。

18 世纪 90 年代，政府在其他一些叛国罪审判案中几无所获，即使在审判那些真的参与了革命阴谋的成员时，也并没有获得成功。的确，1794 年，政府处死了一名密谋攻占爱丁堡城堡的领导人，但在 1798 年，它逮捕了很多与法国、爱尔兰革命者关系密切的激进派分子后，它仅能对这些阴谋者中的一人即吉姆斯·考格力牧师(Revd James. Coigley，或称 O'coigley)①加以定罪，判处死刑。而其他人，如亚瑟·奥康

---

① 考格力是罗马天主教会牧师，因而也可以被称之为"神父"(Father)。大多数土著爱尔兰人并非盎格鲁—撒克逊人(Anglo-Saxons)，而是凯尔特人(Celts)。他们常保留他们的凯尔特化姓名，但听起来却像是英语姓名。英伦三岛的贫穷阶层到中世纪才逐渐发展出自己的"姓"，这种"姓"通常建立在父亲的第一个名字之上。英格兰人用后缀"son"来造姓，"Richardson"意思是"Richard"之子，同理还有 Dickinson 等；苏格兰人在造姓方面用的是前缀"Mac"，比如"MacDonald"，意思是"Donald"之子；1066 年诺曼征服之后，诺曼法国人用前缀"Fitz"造姓，如"Fitzpatrick"，意思是"Patrick"之子；凯尔特爱尔兰人则用"O'"，比如"O'Sullivan"就是"Sullivan"之子的意思。"Coigley"是考格力牧师家姓的英文版，凯尔特姓是"O'Coigley"。原文中使用的是他的全称姓名，但人们通常可以只称呼他的英文版，即考格力。

纳（Arthur O'Connor）、克罗纳尔·德斯帕德（Colonel Desp-ard），尽管几乎可以确定策划了暴乱，这回却都逃脱，没能定罪。在那些被控告出版煽动性毁谤文字或发表煽动性言论案件的审判里，政府则要成功得多。许多人都因为此类罪责而被逮捕，尽管最终只有三分一的人真正进入审讯，这是因为，人们意识到，这类案件很难找到决定性的证据，而且陪审团也常常并不愿意为他们定罪。遇到重大的案件，政府会费尽心机，以确保能给事主定罪。这种情况下，政府会诉诸于"职权讯问"（ex-officio informations）①，该措施允许总检察长避开在大陪审团面前进行的初步听审，而直接进入对被告的审判阶段。有时被告对他被控以何种罪名毫不知情，而且对于总检察长而言，也并不一定非要将案件送审。起诉的威胁犹如一把达摩克利斯之剑，一直悬挂在被告头上；如果不能支付保释金，从技术上而言，被告可以无须审讯就可直接被收监。丹尼尔·艾萨克·伊顿、吉尔伯特·威克菲尔德（Gilbert Wakefield），以及之后的威廉·科贝特（William Cobbett），全都在"职权讯问"之下遭遇折磨，在没有得到任何宣判的情况下，被收押在监好几个月。假如情况特别复杂，则法律允许总检察长召集组成一个特别陪审团，其成员皆来自社会上层，受过优质教育。郡行政长官首先拟出一个由 48 位合乎规定的人士组成的陪审员名单，但这一名单要得到公诉署（The Crown Office）的首肯，之后检察当局还要彻查名单，删掉 12 个人，以防止那些有可能对被告产生同理心的人

39

---

① ex-officio 是以一个拉丁文词汇，意思是"根据职务的要求理所应当的""当然的"。这里根据上下文，姑且做此翻译，若有不妥，尚祈方家指教。

图十三 《威廉·科贝特像》

乔治·库克(George Cooke)绘
布面油画
约1831年
画面尺寸914 mm × 711 mm
现藏于伦敦国家肖像馆

进入陪审团。据证，18世纪90年代的伦敦，即使普通的陪审团审判都充斥着大量不可靠的证据——它们都来自同样几个人，而这几人服务于不止一场政治案件的审判。在另一些案件中，当局则早已准备好起用有污点的或不可靠的证词来将人构陷入罪。毫无疑问，曼彻斯特激进派领导人托马斯·沃克就是这样被诬陷犯下阴谋叛乱罪的。

在所有卷入煽动诽谤罪的审讯中，大多数被告最后都被判处有罪。尽管这样，18世纪90年代，被判处有罪的总人数降至不足200人，这几乎不可能构成恐怖统治政府。尽管如此，许多激进派领袖还是被判以煽动诽谤罪，比如丹尼尔·艾萨克·伊顿、托马斯·斯彭斯、约翰·赛尔沃、吉尔伯特·威克菲尔德，托马斯·沃克、《莱斯特先驱报》的法人理查德·菲利普、《纽瓦克先驱报》的法人丹尼尔·霍尔特（Daniel Holt），以及《谢菲尔德信息报》（Sheffield Iris）的编辑詹姆斯·蒙哥马利（James Montgomery）。托马斯·潘恩在本人缺席的状况下被判有罪。而在政府的迫害和恐吓之下，一批杰出的激进派领袖被迫流亡，他们中有约瑟夫·普里斯特利、约瑟夫·盖尔斯、约翰·阿什利，还有曾出版《曼彻斯特先驱报》的马修·福克纳（Matthew Falkner）和塞缪尔·伯奇（Samuel Birch）。另有很多人羁押候审长达数月，虽然后来被无罪释放，但他们在被关押期间，不但收入无着，又还得花上一笔辩护费用，困苦不堪。即使最终裁决结果为无罪开释，但是恶意诉讼仍会让人饱受折磨。有一些激进派领袖甚至并未被判有罪，也还是入狱数月，例如托马斯·斯彭斯、亚瑟·奥康纳、克罗纳尔·德斯帕德，还有约翰·宾斯和本杰明·宾斯兄弟。多数政治审判中的无罪开释案例清楚地证

明，在努力击垮激进分子的过程中，当局可能并没有全面破

坏法律原则；但他们确实歪曲、滥用了法律程序，表现出冷
酷无情的决心，以使其批评者们噤声。

在力图挫败激进派之战中，政府也许并没有建立恐怖统
治，但是部长大臣们毫无疑问地确保议会对新立法的支持。
新的立法可以增强他们在这场打击激进派运动中的力量，粉
碎非国教派所有危险的示威宣传。为了使议会确信需要采取
这样的镇压手段，1794 年与 1799 年，政府准备了大量的文
字材料和大群目击证人以及情报人员，提交给下议院的秘密
委员会。镇压法律的颁布，在当时即受到自由派与激进派的
痛斥，而此后也一直为许多历史学家所诟病，但事实上，此
举的实际效用远没有人们经常所宣称的那样大。这些立法中
的《暂停人身保护令》(The Suspension of Habeas Corpus)颁布
后，允许政府可以不通过审讯直接将嫌疑犯入监，的确是强
烈侵犯了一个人的公民自由。不过这项法案仅在 1794 年 5 月
至 1795 年 7 月、1798 年 4 月至 1801 年 3 月间执行，并且当
局其实很少采取这样特殊的方式来使反对者三缄其口。只有
极少数激进派分子未经判罪便被监禁关押。1795 年不很名誉
的"两法案"(Two Acts)也只是表明政府的警觉及决心，但它
们对于作为摧毁激进派的措施而言并不是很高效的武器。其
一是《叛国行为法》(The Treasonable Practices Act)。它以令
人惊惧的方式扩大了叛国罪的内容，把任何以语言或文字"图
谋或策划"处决或罢黜国王的人，以及试图强迫国王撤换大臣
或恐吓议会的人，都划入其中。尽管这项法律的规定极为广
泛，颇形危险，看似会使那些直言不讳批评政府的人们轻触
法网，但它其实从来没有被付诸实施，也没有哪个激进人士

在此一条款下被起诉定罪。其二是《煽动集会法》(The Sedi-tion Meetings Act)。该法在控制公共集会方面也给了地方法官更为广泛的管理权，但这项法律并没有立即停止激进派社团的运行。事实上，在该法律通过后一年里，伦敦通讯社的活动次数甚至还增加了。只有约翰·盖尔·琼斯(John Gale Jones)因为在伯明翰举办的一场激进派集会，而被判以"煽动集会罪"，至于其他激进派，尚未进入针对触犯此项法律的审讯程序，就已经被判处无罪或者释放。

其他的镇压法令也不像人们认为的那样有效，或时常被付诸执行。1797年海军兵变之后，议会仓促通过了一项法案，在军队中煽动暴乱被定为罪大恶极。在这项法令下被起诉的案件只有一例，但即便在这一例中似乎也并没有谁被建议判处死刑。1799年，那些起到带头作用的激进派社团正式被法律禁止，但实际上这些社团在那时已经处于瓦解状态，立法几乎是不必要的。1799年，议会立法规定，所有的工人组织及工会都是不合法的(1800年的规定更为全面)。人们认为这些组织是要共谋限制贸易合作。这项法案当然属于报复性的阶级立法之一，它试图削弱工人为提高工资待遇、改善工作环境的能力，但实际上它还是没有摧毁所有的工会组织，也无法阻止工人们联合起来采取工业行动。1800年的法案也很少执行，甚至当雇主试图铲除其手下的工人们已经组建的工会时，他们也更愿意采用普通法的规定来起诉工人，而不是诉诸这项特殊法案中的规定(Emsley，1981；Prochaska，1973；M. Dorothy George，1927—1929)。

尽管政府的镇压法案并没有被经常执行，但这些法令得以通过，本身就是对公民自由的严重侵犯，而且它们也成了时刻悬于激进派和工会组织头顶之上的达摩克利斯之剑。与此意味相同的是，政府并未大量逮捕激进派人士，但却起诉、袭击、恐吓了许多激进派领导人物。这些行动摧毁了激进派社团中得力的领导阶层，使得最有能力的激进派宣传家们万马齐喑，威吓了很多老百姓，使他们放弃改革运动。尽管如此，我们还是要深深地质疑，18世纪90年代晚期激进运动的瓦解是否仅仅可以归咎于司法与立法措施。有产阶层发动的保守主义宣传运动极为有效，令相当一部分人确信：从最好的角度来讲，激进派只是一群愚蠢的革新者；从最坏的方面而言，他们是危险的卖国贼。法国内乱促使很多英国人对他们在英国宪法保护下享有的稳定产生宝爱之情，而与法国的战争又唤醒了深植于人们心中的爱国热情，相比起任何一种政治改革的愿望而言，这种热忱都更为强烈，亦更为广泛。几乎没有证据表明，激进派曾经在18世纪90年代俘获过有产阶层的情感与心智，甚至说获得过广大劳动阶层的拥护。但是，否认政府的决心也是徒劳的，它的确使得激进派的目标成为不可能之事。而有产精英们给那些诚挚追求改善同胞处境的英勇之士所带来的无尽折磨，堪称冷酷无情。

第三章　地下革命

　　18 世纪 90 年代的激进派社团一直明确宣布，不会使用任何武力来实现改革目标；甚至是 1794 年被指控犯下了叛国罪的激进派领导人，也因没有鼓动暴力革命而被无罪释放。英国是否需要一场革命？对此问题，几乎所有激进派理论家都保持谨慎态度。约翰·赛尔沃认为，专制政府有可能挑起一场革命，但他始终坚持说，他自己期待看到的是社会的逐步变革。威廉·葛德文坚决反对采取暴力手段促成政治改革。而托马斯·潘恩的态度要更暧昧些。他支持通过国民公会来创建一部新宪法的理念，但他从来没有建议人民拿起武器。他和托马斯·斯彭斯两人，看起来都是在执政阶层已经诉诸武力来保护自己的特权地位之后，才设想求助于武力这一办法。只有詹姆斯·奥斯瓦德(James Oswald)在他 1793 出版的《大不列颠宪法评论》(*Review of the Constitution of Great Britain*)一书中，似乎确信激进派的改革永远不可能通过和平方式来达到。他坚持认为，只有暴力革命才能保障人权，但他自己则并未卷入暴力行动。

　　尽管在 18 世纪 90 年代并不存在任何有影响的革命意识形态，尽管激进社团明确承诺坚持和平游说的方式，但政府确信一个真正的革命威胁已然存在。大量证据、一系列目击

43

证人分别于 1794 年、1799 年、1801 年及 1812 年被提交到议会里的秘密委员会面前，力图证明激进运动的关键因素就是要暴力推翻现政权。它毫无困难地说服了议会中的保守多数派，让他们相信革命阴谋的确存在，但许多历史学家却没有这么轻易就接受这些证据。

这些证据中的一部分肯定是由地方当局收集到的，他们很容易就被一些哪怕十分微小的政治抗议或社会失序的迹象惊吓到。其中有很多证据都是由间谍和政府特务收集来的情报，而他们所做只为逢迎上级，并不在意这些证据的准确性和可靠性。既然革命阴谋家无论何时，总是尽可能避开公众，进行秘密操作，即使是那些试图保持客观的情报收集者也不得不倚重一些未经证实的谣言和二手报告。当更为可靠的革命阴谋证据在手时，历史学家们仍得考虑，这些策划究竟是实际行动的蓝图（就任何意义而言），抑或仅是一些自欺欺人者的幻想；是一小部分精神错乱的狂热分子所为，还是代表了大众对当时社会秩序的深刻醒悟。极有可能的是，同样的证据也可以被不同历史学家以相当不同的方式来解释。这在很大程度上取决于史家自身的倾向及他的历史想象力。维奇（Veitch，1913）、坎农（Cannon，1973）、托米斯和霍尔特（Thomis and Holt，1977）倾向于淡化革命对英国产生的威胁，而汤普森（Thompson，1968）和威尔斯（Wells，1983）则大费周章致力于证实革命者们赢得了多么重大的支持力度。古德温（Goodwin，1979）、丁威迪（Dinwiddy，1974，1979）承认，的确存在一场革命运动，但他们却不太相信革命的效力或民众对它的支持力度。看起来，历史学家们在这一点上可能永远无法达成完全一致，但是为了理解他们的难处，我们有必要

44

来考察一下爱尔兰革命，看看它们与英国各种社团联盟的联系及对后者的影响，也要来看一下政治目标对那些暴力性的经济抗议行动的影响程度。

爱尔兰革命

18世纪90年代初，一场激进主义运动在爱尔兰兴起。从它的起源、目标，甚至社会组成等方面来看，都与英格兰、苏格兰的激进运动相类似。在爱尔兰，狭隘的寡头政治控制着政府行政，并利用其特权干涉立法机构的组成与决议。而这个寡头政府又受到掌控爱尔兰行政机关任命权的英国政府的严重影响，反倒是爱尔兰绝大多数人口对议会选举和国家决策过程都没有任何实际影响。无论如何，由于种族和宗教歧视，爱尔兰的政治不平等情况更加严重。由富人、圣公会信徒和盎格鲁—爱尔兰地主组成的新教势力（the Protestant Ascendancy），拒绝给予非国教徒们在国家层面上任何重要的政治权利，这尤其针对主要居于阿尔斯特（Ulster）①的苏格兰后裔，同时坚决反对给予占有全部人口至少三分之二的爱尔兰天主教原住民以任何形式的政治代表权。因此，与英格兰状况相同，在爱尔兰，更广泛的政治自由的呼求也系于对更大宗教自由的欲求之上，然而，其面临的壁垒也更高。

早在1790年年初，一些贝尔法斯特新教激进分子就开始宣称，支持议会改革和给予天主教徒更广泛的公民权。到1791年春，威廉·德伦南医生（Dr William Drennan）、西奥

---

①　即北爱尔兰，此处沿用历史上对爱尔兰北部地区的旧称。

博尔德·乌尔夫·托恩(Theobald Wolfe Tone)、塞缪尔·尼尔森(Samuel Neilson)和托马斯·罗素(Thomas Russell)已经开始讨论建立一个爱尔兰人联合会(Society of United Irishmen),其宗旨就是将新教徒与天主教徒联合起来,开展争取宗教和政治自由的运动。这些新教徒相信只有获得多数天主教徒的支持,他们才可能战胜强大的、根深蒂固的爱尔兰统治精英。为了消除新教徒对天主教徒的强烈不信任感,乌尔夫·托恩于1791年9月出版了《爱尔兰天主教徒之主张》(*An argument on behalf of the Catholics of Ireland*)。他在书中论证道:如果天主教徒不因改革运动的鼓舞而要求收回他们在17世纪被没收的土地,他们的政治力量将是可信的。但是在现阶段,托恩打算仅把公民权赋予那些拥有10英镑固定资产的天主教徒。从天主教徒的角度来看,他们倾向于对新教徒保持一定的距离。他们自己的代表——天主教总务委员会的委员们在都柏林集会,担心如果他们对法国革命者或者爱尔兰激进分子表现出太多同情心,那么对爱尔兰统治阶层有着深厚影响力的英格兰政府将会在赋予天主教徒公民权问题上拒绝做出让步。

45

1791年10月,托恩、德伦南、尼尔森在贝尔法斯特成立了第一个"爱尔兰人联合会"。尽管协会坚称,如果不把所有的爱尔兰人宗教派别都囊括进来,则任何一种代表制改革都是不可行的,或者是不公正的,但该团体中的大多数成员仍然都是新教徒。一个月后,在都柏林成立了一个以纳伯·坦迪(Napper Tandy)为秘书长的协会,非常成功地吸收了更多杰出的天主教徒加入其高层。到1793年,都柏林的协会成员共计400人左右,其中有一半都经常参与集会。虽然协会

图十四　《西奥博尔德·乌尔夫·托恩像》

T.W.赫法姆(T.W. Huffam)原作,佚名画家复制
19世纪中期
画面尺寸260 mm × 183 mm
现藏于伦敦国家肖像馆

的领导者和积极分子多为新教徒,但是其会员中新教徒和天主教徒数量几乎各占一半。协会中大约四分之一的成员是主要从事法律和医疗事务、图书销售和印刷产业的专业人员;还有同样多从事织物贸易的商人和制造商,但都柏林协会的多数行政部门还是由专业人员把持;也有许多会员来自中产阶层;还有少数工匠和手工业者,但并没有获得贫苦劳工的显著支持。实际上,该协会在1794年最终开始支持男性普选权的时候,就已经失去了相当数量的会员(McDowell,1940)。

爱尔兰人联合会发现成员们很难在政治纲领上达成一致,也很难赢得新教和天主教群众的支持。由于国家中的天主教徒明显居于多数,普选权的原则使得许多新教改革者忧心忡忡。不过,天主教徒担心新教地主向他们的天主教佃户和雇工施加压力,而支持无记名投票的主张,很多新教徒显然也因为同样的原因而支持保留公开投票方式。直到1794年年初,爱尔兰人联合会才最终发布了他们的激进纲领:他们支持激进派包括普选制在内的所有议会改革要求,但是不包括无记名投票。很多天主教徒都不无道理地担心,许多新教革命者并非全心全意支持天主教和新教的完全平等。天主教的领导者们依旧相信天主教委员会,但许多天主教农民开始转向一个名为"捍卫者"(Defenders)的秘密天主教组织。"捍卫者"承诺要纠正社会、经济和宗教的不公。从1795年9月开始,北爱尔兰那些富有战斗精神的新教徒成立了包括"橙带党"(the Orange Order)在内的一些敌对教派组织。爱尔兰人联合会尽其所能努力弥合这一鸿沟,但成效甚微。从此,许多爱尔兰人尤其是许多北部爱尔兰人(Ulster)的生活毁在了教派之间的暴力纷争中(Curtin;Dickson, chapters 12, 13,

46

图十五 《精忠报国爱尔兰人联合会会员》

佚名画家
设色石版画
1798年或之后
画面尺寸541 mm × 695 mm
现藏于伦敦国家肖像馆

14，16，17）。

爱尔兰人联合会首先试图依靠激进演说和获取群众支持来达到目标。他们既不是共和主义者，也不是要致力于从不列颠完全独立出来。在这一阶段，他们也的确没有考虑通过暴力革命来实现他们的目标。是爱尔兰新教势力的不妥协，英国政府压榨爱尔兰行政当局的失败，再加上法国人从旁不断煽风点火，加大挖掘爱尔兰人心中郁积的对英不满，这些因素综合起来，将爱尔兰人联合会推向了好斗的共和主义少数派分子之手。阿瑟·奥康纳（Arthur O'Connor）和爱德华·菲茨杰莱尔德爵士（Lord Edward Fitzgerald）领导了这个少数派，他们建立了一个更加隐秘、靠盟誓结合的新团体，意欲建立一个共和政府——倘若必要，不惜采取武力。政府无力或不愿去遏制宗派之间的暴力纷争，以至于许多天主教徒胆战心惊，准备支持好斗的爱尔兰人联合会，以作万不得已之选。这些暴力分子深思熟虑，欲寻求法国的军事援助。对于法国人而言，干涉爱尔兰事务可以开拓更多利益：一方面，这是一条消耗英国军事资源的途径；另一方面，这是对英国支持法国境内保皇派的报复。1796年乌尔夫·托恩等人受命前往法国，以军事和外交利益游说法国政府干预爱尔兰事务。这些爱尔兰外交使者夸大了爱尔兰的革命潜能，他们声称只要法国首先发动一场实质性的武力入侵，爱尔兰内部就会爆发大革命。虽然爱尔兰人联合会的好战分子有决心，有目标，但是他们太过依赖法国的军事援助，外部入侵力量越来越被他们视为成功的关键所在。

尽管拥有革命理想，且愿意考虑进行武装起义，但爱尔兰人联合会内的新兴好战团体仍然遭受着诸多因素的不利影

响：内部分裂，缺乏一个强有力的组织，也没有获得大众支
持。他们也尝试过建立一支军事组织，提出了几个武装起义
的初步计划，但联合会却从来无法依靠自己的力量发展并实
现这些方案。事实上，在都柏林和贝尔法斯特之外，爱尔兰
人联合会一向不是十分强大。另一方面，天主教社团"捍卫
者"却拥有数量更多的支持者，尤其是在农村地区，而且他们
还拥有一支更为有效的武装力量，但他们缺乏清晰的战略和
革命性的意识形态。1796 年，这两个社团联合起来，成立了　47
一个松散的联盟，但从未完全整合为一。法国方面也从未能
够或者也不愿意去进行一场规模足够保证胜利的入侵。1796
年 12 月，一支重要的法国部队被派往爱尔兰，但他们却遭遇
恶劣天气，迅速溃散，狼狈逃回法国，更谈不上登陆作战了。
当时只有很少的英国常备军驻扎爱尔兰，这样法国也就失去
了入侵的黄金时机。经历这次巨大失败，法国不愿再次派出
大规模的军事力量，除非爱尔兰人首先发动起一场大规模叛
乱。而爱尔兰人又不愿意在法国人露面之前就冒险武装起义。
双方都希望对方率先行动(Elliott，1982)。

　　对各方来说，这种情况最终都是灾难性的。爱尔兰人联
合会的好斗领导层既无法发动一次起义，又不能同时确保法
国的支持，遂四分五裂。行动迟缓撕裂了领导层，也粉碎了
爱尔兰人联合会脆弱的凝聚力。缺乏决断力，内部争吵不休，
意味着联合会既没有坚实的领导，也不会有清晰的战略可被
采纳。阿瑟·奥康纳以及其他领导人并没有一个清晰连贯的
行动计划，任由底层民众去实施独立却无效的行动。爱尔兰
当局立即回应，决意粉碎一切政治不满的迹象。奥康纳以及
其他一些领导人被捕；他们主办的报纸——贝尔法斯特的《北

极星》(*the Northern Star*)被关闭停刊；他们的支持者被解除武装，整个北部爱尔兰处于军管之下。爱尔兰人联合会一部分领导人逃往英格兰或法国，希望在这些国家找到支持力量。经过几个月的羁押，奥康纳也最终踏上了前往英格兰之路。

真正的叛乱爆发于 1798 年，那主要是一场大众造反活动，起因于渐感绝望的天主教徒决定起而保护自己免受橙带党的暴力威胁。尽管爱尔兰人联合会也曾密谋叛乱，但现今他们却无法充分利用这种形势。内部分裂、当局既警觉又残忍、加上联合会领导人如爱德华·菲茨杰莱尔德爵士等锒铛入狱，这一切都使得爱尔兰人联合会处于瘫痪状态，无法行动。1798 年，他们还未曾对武装起义的策略做好充分准备，就被迫卷入了一场天主教叛乱；如果他们袖手旁观，任由当局镇压起义，那他们自己就会面临全军覆没的危险。爱尔兰人联合会尚没有能够控制局势，起义就发生了；而法国的军事支援没能到达，使得他们困难倍增。联合会的领导层优柔寡断，乱作一团，而当初主张在爱尔兰发动激进改革的新教徒和有产精英们对他们事业的支持，也被严重削弱。在一小股法国军队到来之前，爱尔兰政府就已大开杀戒，镇压了起义（Gahan）。

这次失败的结果就是，爱尔兰人联合会急剧衰退，再没有完全恢复元气。很多协会领导人被捕。乌尔夫·托恩自杀身亡，而其他领导人，包括阿瑟·奥康纳在内，与当局达成协议，同意认罪，以换取流放。正是这起挽救他们性命的交易，使得政府根本不需要将自己的间谍和情报人员作为主要证人召唤出庭，就已经证明了的确存在革命的阴谋，而爱尔兰人联合会是参与其中的。

除非法国人能够成功地武装登陆，否则爱尔兰人联合会是不愿意再次挑战新教势力的。而法国人也同样下定决心，不看到爱尔兰人联合会有能力发起一场大规模叛乱，就不再冒险远征。爱尔兰人联合会仍然畏惧天主教徒的势力，也无法确保能够得到新教徒的重要支持；他们虽然继续密谋反叛活动，却收效甚微。联合会不再是爱尔兰境内永久性的或有效的组织，它的大部分领导人都已流放，无法接触到境内的真实形势。爱尔兰当局则派人继续潜入到一些残存的小革命团体中，多次捕获密谋者。1803 年 7 月，罗伯特·埃米特（Robert Emmet）意识到其密谋已经败露，遂匆忙发动了一场攻占都柏林城堡的进攻，自然是徒劳无功。他期望能成为全国范围内的革命者们的领导，但是他的追随者们却乱作一团，起义成为一场灾难。像 1798 年一样，这场武装叛乱加剧了爱尔兰境内的宗教分裂，导致爱尔兰人联合会进一步崩溃瓦解，以致于他们将全国范围内的所有重要基地丧失殆尽。他们的领导阶层现在完全以欧洲大陆为根基，在爱尔兰境内的有力支持几乎全部消失，而法国也不再向他们提供军事援助（Elliott，1982；Wall，1965；Bartlett，chapters 5，6，8，9，15，16，21，22）。

不列颠的联合社团

爱尔兰人联合会充分认识到，要取得爱尔兰革命胜利必须依赖于其他地方的各种事件。他们清楚法国的军事援助至关紧要，但也同时意识到，在不列颠使用政治颠覆手段会给英国政府带来压力，也是非常重要的。显而易见，不列颠的

49

一次成功革命能够扭转爱尔兰境内的政治形势，不过即便不列颠仅只存在武装暴动的威胁也会起到牵制作用，迫使英国政府对爱尔兰激进分子让步。因此，爱尔兰革命者及其特使们不仅努力寻求法国的军事援助，也在谋求爱尔兰、法国和英国革命力量的联合。他们纵横来往于英法两国间，其行动获得英国人中的爱尔兰同情者的协助，尤其是位于英格兰西北部和伦敦最贫困地区的人们。爱尔兰人联合会也长期驻扎英国，以便与英国最好战的激进团体建立起坚固的联系，煽动颠覆活动。像威廉·达克特(William Duckett)这样一些特使，早在 1795 年年初就与英国人建立了联络；到 1796 年年末，爱尔兰人联合会在不列颠境内建立起来。来自爱尔兰的密使们走遍英格兰与苏格兰各地，谋求建立支持其事业的同心社团，也准备采取革命手段实现激进政治改革。英国的爱尔兰移民们在大部分此类社团中扮演了积极的角色。阿瑟·奥康纳 1797 年逃亡到英国后，继续在那里展开武装叛乱计划。詹姆斯·考格力牧师也带着与英国革命团体建立联系的使命从法国归来，随即加入了奥康纳的计划。

这样，好战的爱尔兰人联合会会员将革命活动带到了英国。他们最初联系的人以及在早期支持他们的人，多是已在兰开夏郡、苏格兰中部、伦敦的贫民聚居区里定居下来的爱尔兰人。尽管如此，如果将英国的革命活动视为主要是从爱尔兰输入的舶来品，可能也太过于武断了。英国激进运动内部早就存在一批好斗的少数派，政府的镇压政策逼迫他们越来越走向阴谋颠覆之路。早在 1792 年 12 月，英国报纸就声称政府只有采取及时而极端的手段，才能将伦敦暴乱的危险计划消灭在萌芽阶段。没有足够令人信服的证据能够证明新兴的激进团体确定牵连于任何的反叛阴谋中，但确有一些证据表明，有几位法国的革命者当时正在伦敦，并竭力挑起事端。当然，政府并没有捏造情节。大臣们当真震惊了，赶紧召集更多的军队前来驻守伦敦，防止任何可能的暴乱（Emsley，1978）。在接下来的几年里，到处流传的谣言说激进分子们正在秘密收罗武器，执锐练兵。实际上，罗伯特·瓦特（Robert Watt）已于 1794 年因计划起兵攻占爱丁堡城堡而被以叛国罪之名处死。不过，直到 1796—1797 年左右，英国激进派中才有更多的好战分子慎重考虑进行革命。之所以要采取这种极端的方式，完全是因为政府的镇压政策，以及由高额税收、食物短缺和贸易混乱引致的大量经济窘迫造成的。早在 1796 年 12 月，本杰明·宾斯，这位伦敦通讯社的杰出领导人就访问了都柏林，并与爱尔兰人联合会里的革命派建立了联系。很快，那些爱尔兰流亡者不仅在不列颠建立了爱尔兰人联合会，还鼓励那些对政府心怀不满的激进分子们建立起类似的革命组织。

　　1797 年年初，敦提（Dundee）的乔治·米尔梅克（George Mealmaker）①组建了一个苏格兰人联合会，采用了与爱尔兰人联合会一样的章程。到 1797 年 5 月，该组织声称其在敦提和珀斯（Perth）地区已有 2871 名成员；而到 9 月，这一数字大概为 9653 名，并且还在持续增长。是否所有的成员都致力于暴力革命，当然大为可商，但是他们中的一部分人的确已

50

①　此处的"Mealmaker"也是英国中世纪以来造姓法的一种，即以家庭先祖曾经的营生为姓，如 Baker，Butcher，Mason，Carpenter，Farmer，Smith，Painter，Taylor，Joiner 等姓氏皆来源于先祖的实际生产活动。由此可以推测乔治·米尔梅克的祖上曾经是食物制造商。

图十六　《爱尔兰人联合会会员当值》

詹姆斯·吉尔雷绘,汉纳·汉弗莱出版
手绘蚀刻,凹版腐蚀制版印刷,1798年6月12日发表
画面尺寸195 mm × 269 mm
现藏于伦敦国家肖像馆

　　该图画的是激进的爱尔兰人联合会会员。他们相貌丑陋,性情残酷,热衷于攻击良民,奸淫妇人,偷窃人家家畜,最终烧毁人家的房屋宅舍。

经武装起来，并且开始进行军事训练。他们的军事化行为使苏格兰的激进运动发生了分裂。与此同时，在兰开夏郡，以及英格兰西北部的接壤地带，一个名为英格兰人联合会的组织也在1797年春天成立，其成员要进行秘密宣誓效忠组织，献身于激进的议会改革事业——必要时不惜采取武力。协会沿用了爱尔兰人联合会的组织架构：从地方分支到地区、郡县，再到省一级，所有的团体都被纳入一个金字塔形的组织中。如同在苏格兰一样，它们的军事行为使它们与一些较为温和的革命组织如曼彻斯特立宪社产生了裂痕。还是在英格兰西北部，同样如在苏格兰一样，爱尔兰的移民们与主要来自纺织工业的工人一道积极投身其中。

1797年夏季，詹姆斯·考格力受法兰西第一共和国督政府（French Directory）指派作为爱尔兰人联合会赴英大使，到达曼彻斯特；其目标是筹集资金，并评估英格兰西北部共和主义的力量。他看起来会见了英格兰人联合会在这一地区的大概35个分会的领导人。当年底，据说仅在兰开夏郡一处，英格兰人联合会的分会已有80个左右，每个分会都有15～30多个会员。威廉·奇登（William Cheetham, or Chetham）是该地区的杰出领导人之一。在柴郡（Cheshire）、西约克郡、诺丁汉郡和德比郡，或许在中部的其他几个地方，也都存在着英格兰人联合会。毋庸置疑存在革命团体，但英格兰人联合会的网络推进还处于筹备阶段时，他们的领导人就被捕了。关于他们活动的大部分证据都来自于政府特务，在当时，这些探子的情报并不特别可靠，不过也有一些证据是由被捕的英国人联合会成员们自己提供的。说武装暴动已迫在眉睫不太可能，但是考虑发动革命的意愿是真实存在的。参与起义

51

密谋的大部分人是贫困的爱尔兰和英格兰纺织工人，或者贫穷的纺纱工、裁缝、鞋匠，甚至是底层劳工。比起英国雅各宾派团体，英国人联合会吸收的成员居于社会的更底层。

在伦敦地区，政府的镇压政策激怒了伦敦通讯社一些更为激进的会员，他们也开始考虑建立秘密组织和适时使用暴力的必要性。约翰·宾斯、本杰明·宾斯、约翰·博恩、托马斯·埃文斯及通讯社其他一些会员与在伦敦的爱尔兰人联合会员如阿瑟·奥康纳、詹姆斯·考格力等建立了联系。而流放中的通讯社前秘书长约翰·阿什利(John Ashley)则与驻法爱尔兰人联合会取得联系。好战分子们开始在伦敦建立起几个革命团体，包括"自由之子"(Sons of Liberty)和"不列颠人联盟"(United Britons)，也即后来人们熟知的英格兰人联合会。"不列颠人联盟"成立于1797年年初，目标是建立共和政体。他们期冀法国能够在英格兰暴动以及同时举行的爱尔兰起义时提供援助。联盟所招募到的新成员中，包括了托马斯·埃文斯和亚历山大·格罗威(Alexander Galloway)这些杰出的伦敦通讯社的会员。联盟开始收枪买马，演武练兵。尽管不列颠人联盟一直与爱尔兰人联合会的密使们如詹姆斯·考格力，以及伦敦爱尔兰人居住区的各个爱尔兰人联合会之间都保持着联络，但它们却未能建立统一的指挥机构，也未能采取一致的行动策略。宾斯兄弟的确使得伦敦通讯社和英格兰人联合会都投票支持爱尔兰人民对自己所遭受苦难的反抗，这些信息由本杰明·宾斯带往都柏林，在那里，他与爱尔兰人联合会的领导人们进行了磋商。在伦敦，宾斯兄弟、克罗纳尔·德斯帕德和克罗斯费尔德医生(Dr Crossfield)等人建立了一个中央委员会，旨在将伦敦的爱尔兰和英格兰革命团体的力量联合起来。1798 年年初，詹姆斯·考格力为了团结首都外各团体的革命力量作为伦敦组织的后盾，再次造访曼彻斯特和英格兰西北部地区。有证据表明英格兰西北部和苏格兰都在进行收集武器和军事演练，不过这些活动因为 1798 年 1 月乔治·米尔梅克等人在敦提被捕而受阻。

52

当局显然开始派人潜入到各秘密团体中，跟踪革命领袖，尤其不放过正奔走于各地协调军事行动的詹姆斯·考格力。虽然政府和革命领袖自己都夸大了群众参与秘密革命活动的程度，但毫无疑问，到了 1798 年年初，策划一场起义的计划已经在酝酿之中。这些计划是否有成功的希望是另外一个问题——其实深值怀疑——但确定的是，这些武装团体之间显然没有结合成为一个真正的统一体，至于何时或如何发动一场武装起义，他们也并无一致或协调的策略。

不过，当政府获得了足够确凿的证据，证明几个革命领袖（包括詹姆斯·考格力、阿瑟·奥康纳和约翰·宾斯等人）正前往法国，期求法国对他们的密谋计划予以支持时，便给了他们沉重一击。1798 年 2 月 28 日，这几个人被抓了起来。很快，本杰明·宾斯、托马斯·埃文斯、克罗纳尔·德斯帕德和克罗斯费尔德医生等人也在伦敦被捕。4 月 18 日，伦敦通讯社的 13 个成员正在讨论建立一个英格兰人联合会分会时被捕；次日，通讯社全体常委皆被逮捕；1798 年 4 月 10 日曼彻斯特英格兰人联合会的爱尔兰领袖詹姆斯·迪克森（James Dixon）被抓；其他的同谋者们也纷纷在兰开夏郡、苏格兰和爱尔兰遭到拘捕。其余许多革命者们潜入地下。这样一来，至少在不列颠，革命阴谋是暂时被粉碎了。由于政府不愿暴露自己那些有价值的线人，尤其是它派驻汉堡（Hamburg）的间谍，这使得它无法提供足够的证据为大部分被捕的革命者定罪。比如阿瑟·奥康纳，竟能召唤辉格党议员领袖来做他的人品证人，可是他随后即招供自己参与了爱尔兰叛乱，令证人们尴尬不堪。只有詹姆斯·考格力因叛国罪而被判处死刑，这是因为他被捕时，当局在现场缴获了一些敦促法国发动侵略的文件。不过，政府将这许多被宣判无罪的人一直关押到 1801 年，直到镇压法令失效后才将其释放。

1798 年夏天，有人报告英格兰人联合会正在伦敦复苏。还有间谍向政府报信，有一些组织正在伦敦东区进行军事演练，试图倾覆首都的武装力量。但与伦敦爱尔兰人联合会仍然没有协调一致的行动，英格兰也没有发生可以牵制派往爱尔兰军队的暴动，致使 1798 年爱尔兰起义遭到了残酷镇压。爱尔兰起义的失败的确导致数百位爱尔兰人联合会的成员逃亡国外，许多人都逃到了伦敦，在此他们很快又加入进一步的革命密谋活动。1799 年，英格兰人联合会确实也在伦敦复苏。议会秘密委员会稍后的报告声称，伦敦有 40 支英格兰人联合会的分部，其中有 20 支尤其活跃。这些消息随后被革命者自己予以证实。在英格兰的西北部、中部的一些地区，以及苏格兰的中部，也有一些相类的革命团体复苏，但它们缺乏活力，也没有连贯的策略。有关他们活动的证据非常欠缺，而且已有的大部分证据也不可靠，但是有一些革命团体继续存在，似是无须怀疑的。理所应当，所有这些组织都担心仍有政府间谍混迹其中。当然了，逮捕还在继续。这使得参加秘谋活动的人数急剧减少，只剩下一些孤立的群体，偶尔秘密集会一下，有的则是夜聚晓散。（Goodwin，1979，Chapter 11；Hone，1982，chapter 2；Wells，1983，chapters 3，4，6，

图十七　《伦敦通讯社》

詹姆斯·吉尔雷绘,汉纳·汉弗莱出版

手绘蚀刻,凹版腐蚀制版印刷,1798年4月20日发表

画面尺寸258 mm × 198 mm

现藏于伦敦国家肖像馆

　　该图是关于伦敦通讯社的画作,表现的是曾经热闹非常的伦敦通讯社到1798年（画家做此画时）已沦落为一个小团体。它的成员面容丑陋,正秘密聚集在地下小酒馆中阴谋策划革命。

7；Booth，1986)

1801—1802 年，英国国内厌战情绪流行，食物价格居高不下，经济萧条，导致大众对当局广泛不满，残余的革命势力也开始复苏。又有许多报告称英格兰人联合会和爱尔兰人联合会在兰开夏郡南部、约克郡西部地区以及伦敦，举行各种集会。社会上还谣传说，少数革命强硬分子聚在西北部旷野地带，利用严峻的经济困境，发掘人们心中的不满，组织夜间集会，进行军事演练。政府立即出击，将该地区几个有效的革命机构摧毁殆尽，还发起了一系列拘捕行动。在西北部地区展开的革命行动时有时无，缺乏组织，既没有连贯的战略，也没有获得群众支持。尽管如此，这些活动，加上爱尔兰人联合会在不列颠的复兴活动，已经足以激励克罗纳尔·德斯帕德 1802 年在伦敦谋划一场武装起义了。跟其他许多件谋反案例一般无二，政府间谍很快就打入该计划。当局侦知，密谋者们准备收买几支首都驻军，欲图攻占伦敦塔、英格兰银行（the Bank of England）以及伍尔维奇军械库（Woolwich Arsenal）。当局还获悉，多名革命团体代表被派往西北地区筹募资金，同时去提醒当地的革命势力，留意伦敦的革命信号，以步武其后，随即发动一场总起义。然而，这些计划似乎并不大可能落实；克罗纳尔·德斯帕德也不大可能早在 1802 年 11 月就计划发动武装起义。几乎可以肯定的是，他和他的同谋者们在准备起事之前，都希望等待一次新的爱尔兰叛乱和法国的又一轮进攻。1802 年 11 月政府决定防微杜渐，将一切革命阴谋扼杀在萌芽状态，克罗纳尔·

德斯帕德与其他几人都被逮捕。经历了此前的审讯失败，政府此次更加谨慎，将注意力集中在那些能提供确信证词而又不暴露其消息源和经手者的证人身上，对他们进行交叉询问，从而建立了确定的证据(Elliott，1977)。由于逮捕德斯帕德过早，使政府未能最大程度地揭出整个阴谋，但1803年它成功地将德斯帕德定罪并处死，的确收到杀鸡儆猴之效，令支持暴力革命的人数急剧减少。在此后几年，一些英国反叛者看起来仍然坚信暴力革命的必要性，但在随后的对法战争的年代里，他们似乎没有什么联合行动，缺乏一个连贯性的策略，也仍然没有获得更多的大众支持。1803年后，只有靠法国的成功入侵，这些郁积在伦敦和西北地区的革命之火才会重新点燃。

对经济危机的政治利用

经济困窘一直是能令激进事业招募到同志的主要原因，一些好战的激进分子也准备利用群众对经济的不满来谋得贫苦大众对政治改革方案的支持。粮食骚乱和工厂罢工中，有几个人打出了政治标语。这些案例虽然比较孤立，但也可以明显看出，少数激进派活动家偶尔试图给大众骚乱注入一些政治信息——而从起因来看，这些骚乱的实质其实是经济性的。总的说来，政治激进主义和经济骚乱之间的联系是脆弱的，也并不充分。可以确定的是，这些激进的活动家们从来都没有发展出一个系统策略，以充分利用劳工大众的悲惨境遇；他们也没有设法发掘底层劳动者的力量，推动一场令人印象深刻的群众示威，或者组织有效的工会。尽管如此，很

图十八 《法国成功入侵的后果》

詹姆斯·吉尔雷绘并出版
手绘蚀刻,凹版腐蚀制版印刷,1798年3月1日发表
印版尺寸 125/8 in. × 141/4 in.(322 mm × 362 mm)
画面尺寸163/8 in. × 173/4 in.(416 mm × 450 mm)
现藏于伦敦国家肖像馆

　　该图是画家受命所作的四幅系列漫画之一,也是该系列最成功的一幅。此画表现的是法国军队成功占领下议院的场景。下院议长镣铐加身,口塞异物,发声不得;小皮特和内政大臣亨利·邓达斯皆锁链下狱。画面左方是政府的支持者,他们个个身穿囚服。画面右侧是一个头戴法国自由帽的激进分子,正在砸毁皇家权杖(此物为议会开会议事的礼器,在漫画中用来表示下院开会之意)——此人显然是福克斯。与此同时,处在画面中心的,是另一个激进分子在焚烧国家律法文本。

多历史学家察觉到，1797 年海军兵变、1801—1802 年"黑灯风潮"（Black Lamp）以及 1811—1813 年广泛的卢德骚乱（Luddite disorders）诸事件，都具有明显的政治维度。但也有很多历史学家否认了这一点，认为这些只不过是由于严苛的经济困境而引发的暴力抗议活动。

从很多方面来讲，18 世纪 90 年代最令人震惊的颠覆性活动乃是皇家海军不满情绪的日益增长，而他们本来是抗法保国的第一道也是最重要的一道防线。这种不满的最初动因，毫无疑问也是 1797 年海军兵变主要的推动力，是水兵们对低薪资和恶劣工作环境的强烈不满，不过在这场兵变中存在几分政治动机，还需进一步研究。18 世纪 90 年代的通货膨胀也导致皇家海军中普通水兵那已经非常微薄的工资进一步缩水。这些水兵们常常要扬帆出海，保卫国家，却不得不将他们贫困的家庭弃置不顾。在海上，伤亡的风险极高，也极大地增加了水兵家庭被不知感恩的国家遗弃不理陷入赤贫的概率——国家从未对这些水手为国献身的英勇行为给予应有的尊重。战舰上的生活条件令人震惊，使得大部分船员的不满愈益增长：居所逼仄狭窄，极不健康；食物也随着出海时间的增加而稳步恶化；至于军纪，则是又暴力又野蛮。在有些船上，造成这些实实在在的不满情绪的是严重的不公：长官体罚下属，对船员的福利待遇漠不关心。海员们就此状况向海军部申诉，请求予以纠正，却几乎没有任何改进。对海军中长期不满情绪的漠视，终于在国家面临外敌入侵可能的时候，引发了一场惊人的大范围兵变。1797 年 4 月，停泊于斯皮特海德（Spithead）的英吉利海峡舰队（the Channel fleet）拒不出航，要求纠正此前所遭遇的巨大不公；5 月，诺尔

(Nore)的北海舰队(the North Sea fleet)也起而效尤。政府被事件彻底震惊,迅即做出让步,快速结束了第一次兵变。可是诺尔的水兵们组织更为严密,而且他们提出的要求更高,不是那么轻易就可以打发掉的。船员们从每条船上各选出两名代表组成中央委员会,由理查德·帕克(Richard Parker)担任委员会主席。而且有人放话如果所提要求得不到满足,将把舰队开到法国。政府面对这种危机,态度反而更为强硬,虽然做出一些让步,但这些手段却是处心积虑要使兵变者分裂之举——不过海员们其时已经就应采取何种斗争策略的问题产生了严重分歧。这场兵变最终受到沉重打击。1797 年 6 月,许多参与者停止抗争,当局得以将 36 名领导者处死,但对数百名骨干"网开一面",判以较轻的刑罚。

　　1797 年的这些事件,即便只是一场单纯的海军兵变,也显示了这个国家令人担忧的脆弱之处,但真正触动政府神经的是一种恐惧:他们担心是雅各宾煽动分子挑动了海军造反。尽管内政部调查人员并没有找到海军兵变者和政治激进分子之间的确切联系,但首相威廉·皮特似乎深信两者之间必有关联。参与兵变的人没有谁被指控参与了政治叛国活动。大部分现代历史学家都认为海军兵变仅仅是由战舰上恶劣的生存环境所致,水手们的行为背后没有任何政治动机。但史家康拉德·吉尔(Conrad Gill)在著于 1913 年的《1797 年海军兵变》(*The Naval Muitinies of 1797*)一书中,却断言兵变背后混杂了经济和政治两类原因。水兵们的组织、语言和宣誓的运用给他留下深刻印象,他认为这些迹象无不反映出爱尔兰人联合会和伦敦通讯社的组织结构及实践的影响。吉尔并没有对这些可能存在的联系进行更细致的研究,不过,爱德华

56

·汤普森(Edward Thompson)最近又重申了这一观点。在他看来，此次海军兵变是那个时期最重大的革命前兆，他坚持认为一场普遍的革命危机通常源自两个东西的结合：广大群众对物质条件的极度不满，以及政治上觉醒的少数人对纠正不公的愿望表达(1968，pp. 183－5)。罗杰·威尔斯(Roger Wells)更具细节的研究再次强化了这些论点(1983，chapter 5)。他的研究凸显了一个事实：1797 年的 114000 名海员中，爱尔兰人高达 15000 人，其中多数是"爱尔兰人联合会"和"捍卫者"的前会员——政府此前为了降低爱尔兰造事者的人数，强迫他们加入海军。有证据显示，在兵变前英吉利海峡舰队中就设有爱尔兰人联合会的组织，他们选派了两名代表到诺尔的北海舰队，煽动在那里服役的爱尔兰水手们闹事。爱尔兰人联合会的领导者们肯定渴望利用兵变来提升法国入侵爱尔兰的成功概率。他们力图延长兵变时间，甚至敦促更为激进的爱尔兰船员们直接把船开到法国去。

　　当然，并不是兵变中所有领头者都是爱尔兰人。但有证据表明，很多参与兵变的英国海员是"配额兵"(quota men)①——他们是被地方政府以奖金为诱饵诱使到舰队服役的。接受奖金的大多是当时身负债务的小店主、商人和工匠。

---

　　①　皇家海军在英国控制海域，抵抗外来入侵方面具有极为重大的意义。然而，服役海军却十分艰苦且薪酬低廉，水手们宁愿服役商船也不愿当海军，因此当时皇家海军并无足够的海员能够从事长期战争。为了征募海员，首相威廉·皮特于 1795 年提议出台"配额制"(The Quota System)，要求英国各城市按其人口比例及港口数量提供相应名额的海员。这是一项较难完成的任务，各城市想方设法，有出金悬赏征募海员使其甘心服役的；也有直接将本应入狱的罪犯送去当海军作为不入监牢的报偿。该制度在 1815 年拿破仑战争结束后随之宣告终结。

这些人比大部分普通的海员受过更好的教育，他们也正是与当时的激进社团有联系的那一类人。兵变者的组织结构，以及选派代表、舰船委员会与中央委员会等，都很显然反映出激进团体的影响。兵变期间还有几次谋求政治变革的讨论，而且有证据表明，伦敦通讯社成员曾经造访过海军船坞，舰队中还出现过激进分子的传单。尽管这些证据相当粗略，也并不全然可靠，但是爱尔兰人联合会和伦敦通讯社看来的确与舰队建立了联系，而且一些兵变者已经具有了政治意识。尽管如此，我们仍要掂量现有证据的分量。而且，绝大多数海军兵变者的实际行为也表明，争端的首要原因还是薪酬和工作条件问题，在这些要求获得支持而得以改善后，兵变很快就被瓦解了。

57　　爱德华·汤普森(Edward Thompson)也讨论了 1801 年到 1802 年间西约克郡的"黑灯风潮"，认为它是工业抗议和革命密谋的混合物(1968，pp. 515－528)。虽然他也同意羊毛工人的大部分骚乱背后原因是实实在在的经济上的不满，但他相信英格兰人联合会在该地区的残存势力为达到自己的政治目的利用了当时的局势。在他看来，夜间集会和秘密会议就是正在偷偷预备革命的证据。他在罢工组织者那里看到了暗藏的政治目标，而且他还引证了在抗议者中间流传的一份革命传单。汤普森的论据太过于依赖一名政府特务的报告，而这名特务随后即由于递交危言耸听的报告被解职。确实，没有什么确凿证据证明，这些夜间秘密集会是在从事进一步的政治密谋——其实毋宁说它们感兴趣的还是工人们的经济利益(Dinwiddy，1974)。不过，尽管汤普森可能夸大了这一时期工人骚动中的革命因素，但若将经济抗议和政治改革吁求看作两个全然分离的领域，则也可能是错误的。要记得，仅仅不久前，英格兰人联合会还在这一地区繁荣昌盛。1802年，两位英格兰人联合会领导人威廉·李（William Lee）与威廉·罗克力（William Ronkesley）因举办秘密宣誓和囤积兵器而被定罪。这两个人以及该地区其他一些人，都跟伦敦德斯帕德叛乱集团保有联系。

在德斯帕德叛乱集团被粉碎和"黑灯风潮"失败之后的十年里，很少有革命活动的证据；虽然爱德华·汤普森认为，这些活动只是因为遭到镇压而被迫转入到了地下，1811到1813年间的卢德骚乱使它们再次喷薄而出。汤普森承认，卢德分子是为实际的经济不公而抗议，那种绝然的不幸感召了大量群众参与进来，且令他们获得了广泛的同情。另一方面，他坚持认为"卢德主义（Luddism）是一场准颠覆运动（quasi-insurrectionary movement），它持续不断的徘徊在晦暗不明的革命目标边缘。"（1968，p. 604）尽管卢德骚乱并非是一场全然自觉的革命运动，可是存在着发展成革命的趋势。这一观点同哈蒙德（J. L. and B. Hammond，1979 edition）、达沃尔（F. O. Darvall，1934））以及马尔科姆·托马斯（Malcolm Thomis，1970）提出的看法完全相反。这些历史学家坚持认为没有清楚的证据表明卢德运动卷入了任何政治密谋，也不存在武力推翻政府的卢德计划。

史家大都赞同，是经济原因引发了诺丁汉、南兰开夏与西约克郡的卢德抗议。诺丁汉与兰开夏郡的机器针织工、手摇纺织机织工都分别受到不同形式的剥削。他们要为所使用的织布机、针织机付出高昂的租金，而得到的报酬却极为微薄，还眼睁睁地看着雇主们雇佣工资更低的半熟练工人。只有在西约克郡，拥有高超拉毛技术的工人担忧的是，各种新引进的机器以及起绒机、剪毛机将取代他们的手工技艺。只是在向议会请愿无果，而他们参加的那个世故的工人组织又无力确保改善令他们不满的境况之后，所有这三个地区的工人们才诉诸暴力反抗。议会未能实施措施，也没有改善工厂里的家长制立法，以保护工人免受雇主的剥削。是雇主的麻木不仁和政府精英的漠不关心把工人们推入绝望境地，被迫捣毁机器与毁坏雇主财产乃是他们所能诉诸的最后一招。

历史学家们普遍认为卢德骚乱，尤其是发生在1812年的几次最为严重的骚乱，是由于更为和平的抗议失败才导致的后果。达沃尔和托马斯坚持认为，卢德分子转求暴力手段，以之作为最有效的斗争方式，因其迫使雇主直面他们无法接受的财物丧失的前景，从而不得不做出让步。不过，尽管这些历史学家承认骚乱工人持有军械，甚至偶尔使用了武器，他们还是断言，愤怒的工人是为了改善自己的经济处境而被迫转向暴力行动，或者还有一些犯罪团伙利用了卢德地区的骚乱情势趁火打劫中饱私囊。可以说，那种认为不满的卢德分子怀揣政治目的进行秘密集会的证据，其来源可疑。许多地方官员都抱着杞人之忧：当他们发现卢德分子的组织非常严密很难打入时，他们可给吓坏了。很多间谍都只有在骚乱看起来已经具有威胁时才受到政府雇用，因此他们倾向于夸大失序混乱的严重程度。他们报告的很多关于军备武装和军事训练的信息都基于谣言和道听途说。不过可能有少数政治激进分子在骚乱地区内从事革命密谋行动，据云他们是那些失败了的早期革命组织的残余势力，而他们并未与暴动者建立起强有力的联系，也没有获得当地群众的普遍支持。尽管政府担心深潜地下的革命阴谋，但真正对秩序造成威胁的还是到处的无政府状态以及对大肆攻击雇主及其财产的活动的失控。这些高度组织化、领导得当的卢德团伙当然是无法无天，破坏了法律，而他们在地方上也获得了相当多的同情，但是他们并没有密谋要推翻现存的宪法体系。

不过，爱德华·汤普森强调，不要忽视或低估了所有当时的报告，这些报告证明了激进分子的代表们当时往来奔走于整个卢德地区，鼓励工人收集武器、进行秘密武装训练，为将来的暴动做准备。在他看来，有少数的政治激进分子给卢德运动注入了政治因素，至少是在那些不满情绪尤其高涨的地区更是如此。他同意，诺丁汉郡的卢德运动基本上完全是一场工业纠纷，其刺激因素纯粹是经济上的不满，但他坚持认为在兰开夏郡南部以及约克郡西部的部分地区，一直存在着革命密谋的传统，对法战争也带来越来越多的民众心生怨望，这些因素产生了一些秘密的政治活动，以及对武装暴动的初步准备。的确，一些卢德分子一直在攻击政治腐败，以及维持对法战争所导致的横征暴敛（Thompson，1968，pp. 569—659）。

约翰·丁威迪（John Dinwiddy）并不总是接受爱德华·汤普森有关此一时期革命活动的论证，但最近他得出结论：汤普森没有将工业抗议和政治行动竭然分开是正确的。这两种行为方式通常直接密切相关，而且由同样的不满所引发。工业行动的失败可能会导致要求变革政治体制，而政治行动则以改进经济状况为目标。有清楚的证据表明，1811 年间南兰开夏郡的手摇织布机厂的织工们决意向议会请愿，以改善他们的经济惨境。1811 年 10 月，曼彻斯特的纺织工人委员会

59

印制散发了一篇演讲辞,有力地指出,立法机关拒绝改善他
们的悲惨处境与要求激进议会改革之间的关联。1812 年 3 月
的织工请愿,抗议旷日持久的对法战争劳民伤财;他们宣称
只有一个经过改革的议会才能带来和平。这次抗议请愿没有
任何结果,似是激怒了一些纺织工人,令其采取了更为激烈
的行动。政府间谍报告说,一场广阔的革命运动正在该地区
酝酿,几乎可以肯定是对形势发展的夸大。不过,1797—
1802 年间曾在这一地区存在过的那种秘密政治活动,此时似
乎的确有所复兴。1812 年头几个月,尤其是在曼彻斯特和博
尔顿(Bolton)地区,关于政治委员会、秘密宣誓、夜间集会、
武器和资金筹备这些行动的证据相当充分。各种支持议会改
革的决议与请愿活动从南兰开夏的工业区爆发,直达相邻的
柴郡和约克郡,而且其间也掺杂着一些暴乱和攻击私有财产
的行为。看起来,在那些以请愿、决议、演说等方式参与宪
政改革运动的人和那些进行暴动与秘密袭击私产者之间,我
们无法做出截然二分。一些不能完全忽视的证据表明,有地
下政治团体将他们的政治活动传播到了西约克郡的一些工业
城市,比如哈利法克斯(Halifax)、巴恩斯利(Barnsley)、赫
德斯菲尔德(Huddersfield)、谢菲尔德、利兹等。应该说在
1812 年的英格兰西北部,成型的武装革命计划尚不太可能,
或者说并不存在广泛的革命运动,但是已有证据表明,一些
抱着革命目标的工人团体正在开始以一种最朴素的方式进行
着革命动员(Dinwiddy,1979)。

确实有足够的理由质疑有关卢德主义的传统看法,即认
为卢德运动全然不可能发展成为一个具有政治目标的革命运
动。但爱德华·汤普森及其追随者们可能过于夸大了 19 世纪

早期英格兰工业地区革命运动的规模、有效性、所获得的支持度以及活动的持续性等问题。这些革命运动是否对国家构成了严重威胁，或者说他们在多大程度上希望变成这个国家的巨大危险，都还值得怀疑。实际上，从数量上看，密谋团体还很少，它们松散地结合在一起，零零星星地有一些武器；他们既没有一个清晰连贯的政治策略，也缺乏广泛的民众支持。然而，尽管我们持有一些保留意见，却没有理由再坚持以下观点了：跟 1797 年的海军兵变及 1801—1802 年的"黑灯风潮"相比，1811—1812 年的卢德骚乱只是孤立的、简单的经济萧条的产物，仅以物质状况的改善为目标。

61

第四章　激进主义再发动

18世纪90年代初，激进运动以引人瞩目的方式在英国日益壮大，但很快就遭受了巨大的压力，先是增长受到抑制，继而活动的开展也被严重压制。政府的镇压和一波保守主义浪潮，再加上由于与革命法国进行的长期而又艰苦的战争唤起的爱国情操，合力抑制了激进社团的快速增长。好战的激进分子被迫转入地下从事秘密的革命活动，但是政府特务打入了许多革命团体里面，这使得他们那些最为危险的密谋被揭穿而无法实现。那些革命活动从来没有详细的实施方案，没有一个相互协调的革命策略，也没有广大支持者，或曾在爱尔兰之外的地方真正发动过。在议会外的群众激进运动的崩溃，恰逢辉格党党内改革力量衰减分裂之时。1797年辉格党动议进行温和议会改革，却只获得了极少数人的支持，该党就此失去了对这项事业的兴趣。

至少有十年时间，政治改革没有再次成为严肃的议会辩论议题，也不再是受到广泛大众支持的事业，但是公众渴望更大自由的愿景，作为一个讨论的话题，却从未全然消失。许多城市如伦敦、诺维奇、利兹和纽卡斯尔，都还有小的改革者团体继续开展活动。1802年，因改革者的保驾护航，H.库姆（H. C. Combe）、威廉·史密斯（William Smith）和弗朗西斯·博迪托爵士(Sir Francis Burdett)分别赢得了伦敦、诺维奇和米德尔塞克斯(Middlesex)的选举，只不过由于反对者上书请愿，博迪托爵士最终并没有得到该席位而已。改革事业逐渐成为一个公众讨论的话题，出现在报纸、各种宣传小册子和辩论协会中。克里斯托弗·怀威尔、约翰·卡特赖特和约翰·霍恩·图克这些资深改革者们不但重回战场，还获得了弗朗西斯·博迪托(Francis Burdett)、威廉·科贝特(William Cobbett)和亨利·亨特(Henry Hunt)这一拨颇具才干的新人的支持。1807年博迪托爵士在国内最大的选区威斯敏斯特当选议员，表明了激进主义力量在大城市里日益壮大。待到1810年5月，115名议员支持托马斯·布兰德(Thomas Brand)的稳健议会改革提案，证明自由大业再一次成为政治领域的鲜活议题。尽管上述事实乃是激进主义复兴的重要标志，但它们同样也证明，自18世纪90年代早期以来，改革事业已是何等衰败，而改革者未来想要收复在这些年里丢掉的所有失地，又是何等困难。很显然，有一些利于激进主义复兴的条件，但同样也存在一些严重障碍，阻碍它阔步向前。面对这些机遇和障碍，激进主义必须调整它的意识形态，重新定位其政治宣传方向，并重建其组织(Spence)。

阻碍与机遇

曾经联手摧毁了18世纪90年代激进运动成果的各种保守力量，到19世纪初对改革或许已不再那么仇恨和恐惧了，但他们已更加深信不疑：激进的变革就是灾难的前奏。1799年和1801年议会秘密委员会调查英国革命阴谋的报告并没有

图十九　《弗朗西斯·博迪托爵士像》

亚当·巴克（Adam Buck）绘
水彩画，约1810年
画面尺寸195 mm × 162 mm
现藏于伦敦国家肖像馆

引发恐慌，相反坚定了政府粉碎任何政治不满迹象的冷酷决心。1803—1805 年英法战争期间，严重的法国入侵威胁并没有导致对少数残存革命分子发动一场如猎巫一般可怕的政治迫害，但此种威胁确也激起了一股抵抗入侵的强烈决心，并同时迸发出维护现有秩序的爱国主义浪潮。当然，激进分子依旧要面对镇压、恐吓和污蔑等，但他们真正失去的是意识形态的根据，并且双方都逐渐意识到这一政治辩论中的巨变。激进派和保守派之间的思想论争从对未来进步的辩论转变成了一场对于当前灾难的争论。法国大革命后，发生在欧洲的如潮水一般的系列革命事件摧毁了激进主义者的乐观希望，也强化了保守主义者的悲观预言。

激进派相信，宣扬自由、平等和博爱将预示着理性与正义时代的到来，只有在那样的时代里才有和平与繁荣。而保守主义者则预言，革命性的改变势必将摧毁旧政权的稳定和秩序，从而导致社会的无序状态，届时，没有一个人的生命、自由或财产能够得到保障。爱德蒙·柏克曾经预言，法国大革命将导致军事独裁，它将在激进变革给人民带来的彻底混乱中强行制造出某种秩序。从恐怖的无政府状态，经由督政府的腐败，再到拿破仑的军事独裁，法国发生的事件一一证实了此一惊人预言。詹姆斯·麦金托什（James Mackintosh）、威廉·华兹华斯（William Wordsworth）和塞缪尔·泰勒·柯勒律治（Samuel Taylor Coleridge）这些人在早期还是法国革命的同情者，后来也逐渐认识到法国并没有推进自由事业，而是从一种形式的暴政转变为另一种形式的暴政。法国已经不再是欧洲人民希望的灯塔，而成为毫无节制的侵略者，意图一个接一个的毁灭其他国家的独立和公民自由。拿破仑征服了荷兰、瑞士、德国和意大利的大部分地区，以及西班牙，这向英国人民证明，他的目标不是把自由传播到国外，而是将法国的势力扩大至整个欧洲。更令人担忧的是，拿破仑准备入侵英国让"她"臣服于他的意志，当这看来已不可能时，就希望通过削弱英国的经济，使她再也不能挑战法国在欧洲大陆的霸权。这些危险动摇了英国内部的激进主义诉求，并极大地激起了英国爱国主义和民族主义的情感。时人心中，法国大革命和社会混乱之间有着不可分割的联系，拿破仑这个名字与专制和军事侵略同义。因此，激进改革将带来和平与繁荣这一观点越来越难以为人接受，也很难再主张说，英国政府是反动派，正在向一个仅只希望改革其国内政治制度的邻国发动一场侵略性的、不必要的战争。英国此时已淹没在保守主义的政治宣传里，大部分的宣传目标都针对社会下层，但这些文献都不再专注于挑战自然权利理论的智识基础，或者试图反驳激进主义所声称的法国是自由之友这一观点，因为保守主义在这一场观念宣传之战中已经获得了胜利。保守派转而说服英国民众相信法国军事胜利的必然结果就是导致整个英国被掠夺一空而荒芜一片。为了保卫自己的生命、自由和财产以及一切他们所珍视的东西，整个英国必须团结起来，投入与外国暴君的斗争中（Klingsberg and Hustredt，1944）。

以上局势及氛围不但有利于保守派，而且耗时费财的战争在遏制拿破仑野心的同时，也给那些希望在国内进行温和政治改革的人们创造了机遇和有利条件。这场战争对大部分人民来说，都是一付沉重而苦涩的负担，令人充满强烈的厌憎之感。政府为极大地增加财政收入，提出各种各样新的估定税(assessed taxes)、遗产税,也创造出令人厌憎的所得税。在战争的最后几年里,政府每年征收高达六千万英镑的战时税,但即使是这样,也只占战争消耗的58%左右。为了填补每年的财政赤字,政府不得不筹集巨额贷款,大量增加国家债务。1790—1815年,英国的国家年度支出总额增长了五倍;国债则从1793年的2亿3千8百万英镑上升到了1816年的9亿零2百万英镑;而战争的总成本已达到了惊人的15亿英镑之多。如此巨额的资产征敛与财政支出,需要大力重组财政部和专业化的财政人员,需要任命更多的收税员与税务稽查员,还需要极大地扩充军备与海军造船厂。陆军和海军急剧扩张,成千上万的人充当志愿军和民兵,这些力量加起来,使得英国需要担负大约785000人的兵力。政府比以往承担起更多的责任,为这些军事力量提供食物、武器、制服、船只、马匹、装备以及其他各种补给。所有这一切的后果就是行政机构极大地增加了它们在国家财政、商业和制造业等各项事务中的人手、权力以及影响(Harvey,1978,pp. 334—337;Emsley,1979b,pp. 106—109)。战争的负担引起民众的广泛不满,人们公开批评高额的税率、食物的短缺、因持续军事冲突而不断恶化的通货膨胀,以及在1807—1808年之后变得愈发严峻的贸易混乱。战争造成的所有这些直接后果都加诸中等阶级和社会底层中那些富有生产能力的人民身上,使得他们苦难深重。与此同时,战时调动国家资源的需要,也使得行政机关规模膨胀,权力增大,养肥了少数发战争财的奸商。人们把战时税收和战争借贷视为造成社会财富分配不平等的原因,同时也是对政治自由的严重威胁。这场战争的财政需求为大多数人口带来了日益沉重的税务负担,但通过使用和支出这笔巨额资金，金融家、政府承包商、政府官员和军队官员却把自己的腰包塞得鼓鼓囊囊。这种"战时体制"（war establishment）是与统治寡头的特权紧密相关的，它在国内创造了一个利益集团，其势力之巨，无论是议会还是政府，无论是它们的构成还是它们的决策，概莫能出其外。统治寡头和战时体制以中等阶级和低层民众为代价形成了一个"邪恶联盟"（an unholy alliance），它赞成扩张政府权力，为此不惜牺牲议会的独立性和臣民的自由。

　　人们一向从理想主义的立场上反对这场战争，因为它损耗巨大，野蛮残酷，摧毁一切。对很多自由主义者和非国教徒来说，这场战争是对理性、正义与基督教信条的冒犯。从更加务实的角度看，战争负担逐年加重，也使得人们难以容忍。自由派观点越来越担心战时体制的膨胀以及由此带来的政府权力的不断扩张。与此同时，制造业从业者对于他们的经济活动受到政治层面的破坏，感到十分厌恶，但政府却对他们的心声不理不睬。结果就是导致自由主张和经济利益结成同盟寻求和平之道。他们建立了"和平之友"（Friends of Peace）组织，尽管它从来都不是个正式的组织机构，没有明确的纲领，也没有确定的成员，但它仍然精心组织了一场院外运动（extra-parliamentary movement），以引导公众认识到战争所付出的经济和政治代价。最为激烈的反战抗议来自中部和北部的制造产业地区，它们由一些杰出的制造商协同合作，精心策划。其中很多人都是非国教徒，并以其自由观念广为人知，包括利物浦的威廉·罗斯科（William Roscoe）、波特里斯（Potteries）的约西亚·韦奇伍德（Josiah Wedgwood）、谢菲尔德的埃比尼泽·罗兹（Ebenezer Rhodes）、莱斯特的约翰·考特曼（John Coltman）和德比的威廉·斯特拉特（William Strutt）。他们的观点在一些非常有影响力的地方报纸上，比如《利兹信使报》（*Leeds Mercury*）、《谢菲尔德信息报》和《莱斯特纪事报》（*Leicester Chronicle*），被广泛宣传。1807—1808年，由于枢密院威胁要阻止所有中立国与法国的贸易活动从而限制英国的贸易出口，引发了一场巨大的请愿抗议活动。这些中立国是老客户，常购买或运载英国货品。利物浦和曼彻斯特领导了南兰开夏郡的请愿，随后西约克郡许多大型城镇也加入其中。无数份请愿书，超过 150000 个签名，被送达议会。这场请愿运动并没有影响到政府的政策制定。但是，1812 年，正在经济危机和卢德骚乱达于巅峰之际，另一起大规模的抗议活动再次爆发。这一次抗议活动从南兰开夏郡和西约克郡开始，席卷整个中部地区，由亨利·布鲁厄姆（Henry Brougham）居中协调。他列举事实炮轰政府，其盟友们则在地方出版物上大做宣传。至少有 5000 人出席了谢菲尔德的抗议集会，而伯明翰集会参加者更多。大约 5 万人在请愿书上签名。1812 年 6 月 23 日，政府决定撤销枢密院令，这对这场由国内最重要的制造业地区组织的了不起的合作运动不啻为一褒奖（Cookson，1982）。

反战抗议并不限于这类院外运动，更不只是集中在对英法战争所导致的经济代价的批评上。在议会内外也有相当多的批评声音，指责政府在处理战争事务的不力及它的部分代理人的腐败。军事灾难和政治丑闻更是突出了政府的无能，也成为批评者集中表达其挫折感和愤怒的标靶。这些事件也使得议会内外的反对者们不但将责任推到个别的大臣身上，而且也将其归咎于整个政治体制。公众对军事失利以及政府腐败的关注无疑大大助长了议会改革的要求。

举例来看。1808年8月，英军在葡萄牙与法国签订了一份《辛特拉协定》(the Convention of Cintra)，允许战败的法国军队带着他们所有的物资和装备撤回法国。消息传来，引起公众广泛而又极大的愤慨。各界人士曾对此役寄予厚望，现在则都惊骇于这一背叛行为，公共媒体充斥着对协定的批评之词。全国各地到处都在举行抗议集会，政府开始失去公信力。一年后，瓦尔特伦远征(the Walcheren expedition)的失败甚至引起了更大的公众愤怒，政府不得不面对一个极为刁难的调查委员会的质询。政府内阁试图减少公众对这次调查的关注，因而将记者们挡在了下议院的长廊外，这真可算是一桩考虑不周的行为。当伦敦通讯社的前领导人约翰·盖尔·琼斯提议，要在伦敦的一个辩论团体讨论此事时，政府以侵害议员特权的名义将其逮捕下狱。弗朗西斯·博迪托爵士在下议院对琼斯被捕入狱提出抗议，并将他的观点发表在威廉·科贝特主编的《政治纪事报》(Political Register)上。博迪托爵士这些行动同样被斥责为对议员特权的侵犯，下议院在1810年4月6日这天投票表决将博迪托移送至伦敦塔关押。在投票表决之后的三天里，博迪托拒绝被捕，他的反抗引起了巨大的社会反响。大批民众聚集到博迪托住所附近，还爆发了严重的骚乱事件，其中至少有两人在与军队的冲突中死亡。博迪托被监禁后，公众的政治热潮也并没有退去。伦敦城里的墙上到处都是用粉笔写的标语口号，如"永远的博迪托"，"不要国王"(No King)和"改革议会，做自己的主人"。类似的标语还出现在伯明翰、纽卡斯尔、卡莱尔(Carlisle)、埃克塞特(Exeter)和坎特伯雷。一封从曼彻斯特寄来的致博迪托的信件有 17940 个签名。伦敦市议会也向议会请愿主张议会改革，这是自 18 世纪 80 年代以来的头一回。诺丁汉、雷丁(Reading)、考文垂(Coventry)、坎特伯雷、赫尔、罗切斯特(Rochester)、贝里克(Berwick)、武切斯特(Worcester)和伯克郡(Berkshire)等地也组织了类似的请愿活动。以约翰·威尔克斯一样的方式，博迪托也成为自由的殉道者，家喻户晓，而民众对议会改革议题的热情，虽然只是暂时性的，但也已瞬间爆棚。(Harvey，1978，pp. 214—215，268—270；Dinwiddy，1980，pp. 20—22)。

无论在议会内外，人们越来越确信，政府对位高权重者的腐败视而不见，这也刺激了对议会加以改革的吁请。对政府庇护权和金融腐败的敌意早就四处散播，根深蒂固，而 1805 和 1809 年分别爆出的梅尔维尔丑闻(the Melville scandal)与约克公爵情妇事件，更使公众义愤填膺。1805 年，一份关于海军行政管理部门的报道曝光了海军出纳人员挪用公款的证据，而时任海军财政主管梅尔维尔子爵亨利·邓达斯(Henry Dundas，Viscount Melville)并未阻止此项挪用。虽然并没有直接参与此事，子爵还是受到下议院责难，并被迫辞职。但是这并不能平息公众怒火。十多个大郡县和许多大市镇，包括伦敦、威斯敏斯特、南安普敦和考文垂在内，都举行了公共集会。多份请愿书被送达议会，恳请拯救国家于贪婪、贪污和欺诈之中。在米德塞克斯郡的集会上，约翰·卡特赖特提议进行议会改革，尽管这一提案被劝阻而没有写入集会的决议里，但人们对于他所提议的主题本身报以雷鸣般的掌声。议会对军队总司令、约克公爵卖官一案的调查，进

68

一步推动了改革热情的高涨。约克公爵的情妇说服这位司令大人把军队委员会的委员席位卖给那些贿赂她的人。在几个月的时间里，议会内的一小撮激进分子和他们的院外支持者一起，利用这桩公共丑闻获取了巨大的政治资本。这回，至少 15 个郡和不少于 56 个市镇的中产阶级也参与到公共抗议集会中。从外在形式看，很多地方的这类集会都像是抗议贵族精英的一场骚乱。威廉·科贝特在他的《政治纪事报》上强烈谴责约克公爵，对汉普郡(Hampshire)的高调反体制演说提供了一大助力。在利物浦，人们被敦促依靠自己的力量来改善他们遭遇的不公。1809 年 5 月 1 日，1200 人出席了在伦敦"皇冠与铁锚"酒馆(Crown and Anchor tavern)举行的一场晚餐会，而他们代表了大约 27 个选区。出席者中包括了约翰·卡特赖特，弗朗西斯·普雷斯(Francis Place)和罗伯特·威瑟姆(Robert Waitham)。他们聆听了弗朗西斯·博迪托有关议会改革问题的慷慨陈词(Harvey，1978 pp. 155－160，233－247)。显然，当人民足够觉醒的时候，他们就能够表达对贵族精英的极大愤恨之情。可惜的是，激进分子们从来没能找到一个足够重大的议题，以有效地聚焦公众的关注力，直到议会改革成为一个无可抵挡的要求。这一类偶尔出现的丑闻只能产生短期效应，但它们确也表明中产阶级对政治精英已逐渐不再抱有幻想。

意识形态与政治宣传

19 世纪初期再次兴起的改革运动在思想观念上更为温和，其宣传对象虽并不完全是中产阶级，但中产阶级却是其首要的目标人群。当然，政府的镇压和对激进理念的敌意仍然使得继续公开讨论自然权利理论十分困难，但看起来，当时公众也的确对如此极端的理论并没有多大兴趣。即使是在改革者中，现在对曾在18世纪90年代引起广泛关注的潘恩、葛德文和斯彭斯这类作家的政治理念的兴趣也不大。虽然潘恩的影响在1815年后又重新恢复，但此时基本可说是土崩瓦解。葛德文的影响更是昙花一现，以至于雪莱（Shelley）发现他在1812年居然还活着时，备感惊讶。斯彭斯依然在兜售他的土地计划，但是其著作的发行量极小，此时他能影响的唯有一小拨和他在一家伦敦酒馆里相聚的追随者了。

令人惊讶的是，在这回重新兴起的关于议会改革的辩论中，很多领袖人物都是富有经验的资深改革者，他们的职业革命家身份可以追溯到威尔克斯时代和美国独立战争时期。约翰·卡特赖特、克里斯托弗·怀威尔、卡佩尔·洛夫特（Capel Lofft）、约翰·霍恩·图克与其他老活动家一起又重回战斗前线。而且，这些改革家往往会重启激进运动的早期理念，他们相信这些理念在现今局势下已经产生了新的意义。约翰·卡特赖特和约翰·霍恩·图克两人都诉诸于英格兰古代宪法概念，声称激进改革能够使选举体制恢复其早期的纯洁，导向人民传统权利的复兴。他们再次向历史上的英国人权利寻求依据，而不是诉诸所有人类不可剥夺的自然权利。古代宪法历史悠久，令人敬重，改革者回溯历史的观念对弗朗西斯·博迪托和托马斯·布兰德在内的激进议员们产生了影响。当他们分别在1809年、1810年和1812年提出议会改革动议时，他们坚持说自己从未想要更改或重写宪法，他们只是要移除宪法内不合历史内容的创新举措，恢复古老的选举制度。

比再次呼吁回到古代宪法更为重要的,是复兴传统国家对待暴政加剧和政府庇护权扩张的态度。过去两个世纪各种政治争论中充斥着人们对于加剧的暴政和政府庇护权扩张的忧惧,而这也是长期以来人们呼吁进行经济改革的根本原因。英法大战的影响导致政府权力再一次受到关注,公众担忧政府能够利用巨大的特权来破坏议会的独立和臣民的自由。对政府阴谋反对自由的恐惧与日俱增。这反过来又重新唤起人们要求经济改革和议会改革这一传统的解决方案。如同过去经常主张的一样,人们再次提出:必须采取措施降低税收和国债,削减民事和军事设施的规模,裁减政府冗员,减少坐在议会里领取养老金的议员人数。只有通过立法方式削减政府的庇护权,进行改革以加大民众对下议院的影响力,才能恢复宪法原有的和谐与平衡。克里斯托弗·怀威尔曾在 1779 年建立约克郡协会(Yorkshire Association)致力于推进此类政策,现在鉴于对法长期冲突所造成的直接后果的严重性,使他确信他的方案较之以往更需迫切落实。1804 年他曾支持博迪托在米德塞克斯的竞选活动,1805 年 12 月他又试图让查尔斯·詹姆斯·福克斯支持他这一理念,到 1806 年末,他已经制订出详尽的改革计划。虽然约翰·卡特赖特希望施行的方案比怀威尔的更加激进,但他也同意怀威尔的下列论断:行政腐败和政府庇护权是对自由的重大威胁。1809 年,他将自己的这种担忧倾泄在《改革的理由》(*Reasons for Reformation*)一书中。

然而,主张削减政府庇护权和减少腐败的最积极宣传家,却并非一个资深改革者,而是一个此前支持政府管理及其保

70

守政策的人。此人即是威廉·科贝特。他后来成为 19 世纪早期最多产、最有影响力的激进主义宣传员。科贝特过去写了许多小册子来为政府政策辩护，自 1802 年以来，他还在其主编的周报《政治纪事报》上礼赞现行宪法，证明对法开战的必要性。不过，在 1804 年，他却被判以诽谤罪，原因是批评政府在爱尔兰的政策，还说政府面对法国的入侵缺乏充分准备。此番入狱令他亲自品尝到政府迫害的滋味，遂转变为一个激进主义者。到 1806 年他已经成为一名令人信服的反对政治腐败的代表人物。他的《政治纪事报》开启了一场尖锐而持久的控诉，对象是庞大的庇护赞助系统，及其广泛而不断增长的对岗位、荣誉、合约、晋升、养老金和酬金进行分配的权力。他以每周致读者一信的方式，发表了大量文章，谴责政府大臣们把持着一个由政客、金融家、承包商、公务员、现役军官甚至牧师组成的腐败系统。税收负担之沉重和国债额度之巨大，使得科贝特深感震惊，他坚持认为现有的金融系统使得一小部分握有权力的人得以中饱私囊，与此同时，却使国家陷入贫困。他谴责证券商、掮客、承包商、银行家和所有那些通过与政府签订经济协议而获取私利的人。在科贝特看来，这些寒贱出身的暴发户能在权力系统中攀爬到高位，并非因为他们的个人品德如何高尚，而是因为他们从战争中获利发财。正是这些人的私利之需，才导致了税率提升、政府挥霍、票据信用崩溃、金融投机，以及臃肿的官僚机关和广泛的政治腐败。若不对此加以限制，他们必将毁坏宪法，腐蚀这个国家道德和社会秩序的基础（Spater，1982，chapter 9，11—15）。

　　用生动而富有戏剧性的语言解释腐败的危险，正是科贝 *71*

特之所长，这就是他为什么会对《政治纪事报》的那些读者
们——农民、小店主和商人——产生越来越大影响的原因。
不过，《爱丁堡评论》(*Edinburgh Review*)，这份主要面向议
会内的自由分子和英国中产阶级中更为理智之人的杂志，斥
责科贝特语言粗鄙，也拒绝接受他的政治极端主义，不过他
们与科贝特共同警告，行政力量和政府赞助权的膨胀极其危
险。1809 年 7 月，弗朗西斯·杰弗里(Francis Jeffrey)在《爱
丁堡评论》上撰文抨击税收负担，表达了对政府特许权扩大的
担忧，还攻击了一小撮人垄断国家权力的现象。在此后的几
期中，《爱丁堡评论》发起了对经济改革的讨论，以之削弱政
府对议会的影响力，支持适当扩大选举权，和对议会席位加
以适度的重新分配。从 1808 年 1 月起，利·亨特(Leigh
Hunt)就在《观察家》(*The Examiner*)杂志上发表了类似的观
点，到 1812 年，该杂志的发行量已上升到大约 12000 份。亨
特礼赞英国宪法原则，反对激进的议会改革，但他同样赞同
科贝特关于政府腐败的警示。《观察家》大加指责对法战
争——这也被亨特视为导致政府扩张规模、资源和开销的主
要动因。1809 年，它加入到对约克公爵的进攻中，而政府挥
霍无度作为政治腐败源头之一，成了被定期批判的议题。
利·亨特提倡经济改革，并支持将选举权扩大到纳税家庭的
户主中。

　　19 世纪初对改革派发生影响的最主要因素是他们对行政
权力扩大和政府腐败的担忧，但已有些迹象表明，一个新的
智识因素的影响力开始在激进派圈子中浮现出来。这就是杰
里米·边沁(Jeremy Bentham)为议会改革所发展出来的功利
主义辩护。他那本极具影响力的《议会改革方案》(*Plan of*

图二十　《真正的议会改革》

詹姆斯·吉尔雷绘,汉纳·汉弗莱出版

手绘蚀刻,凹版腐蚀制版印刷,1809年6月14日发表

画面尺寸312 mm × 441 mm

现藏于伦敦国家肖像馆

　　该图表现的是19世纪10年代早期受到民众支持的激进改革运动景象:受人尊敬的激进派领袖弗朗西斯·博迪托爵士正带领一群普通民众焚烧议会与国家律法,画面右侧,两个携金袋的富人正在逃跑。

Parliamentary Reform)尽管直到 1817 年才正式出版，但自从 1809 年起就一直在私下里流传。边沁的理念在变得家喻户晓之前很长时间就已在他不断扩大的崇拜者圈子中广为人知了。利·亨特、弗朗西斯·普莱斯、约翰·霍恩·图克和弗朗西斯·博迪托都属于这个圈子。到 1813 年，边沁已经与伦敦激进派紧密联系在了一起，他的理念也开始型塑他们的议会改革理由。边沁完全拒绝接受自然权利学说，但他仍然认为议会改革是防止恶政和保障最大多数人最大幸福的最有效手段。他的功利主义哲学使他断言，每一个人都更看重自己的利益多过他人利益，而一个人是其自身利益的最佳判断者。既然每个独立的个体都是自身利益的最佳判断者，那么所有个体加在一起一定就是公共利益的最佳判断者了。不幸的是，根据同一个论点，我们也会发现：所有的统治者都更关心自己的利益，而不是被统治者的利益。为了防止统治者滥用职权，他们需要被时刻监督，任何策略的运用都要确保它们为被统治者谋福利。要使统治者服务于政府的恰当目的，即促进最大多数人的最大幸福，最有效的方法就是赋予每个人以同等的权利去判断并控制掌权者的行为。只有当议会是由全体人民选举而成，那些代表们才会热衷于促进公益，因为这样做乃是确保自己再次当选的最佳方式。因此，边沁的功利主义原则使他得出结论：代议制民主是最有效的制度，既能够限制统治者自私自利，也能促进最大多数被统治者的切身利益。所以，议会改革可以用实践的、实用的和功利主义的理由来加以证明(Schofield，chapters 4，6)。

72

目标和方法

有许多理由可以去批评 19 世纪早期的政府，而且对政治腐败危险的担心也在中产阶级中不断增长。尽管如此，有产精英对革命的普遍畏惧和根深蒂固的保守主义思想，使他们很难在什么是改革宪法的最佳方式以及如何争取人们对这些举措的支持上达成共识。可以根据改革者的目标将他们分为以下几类：一类满足于缩减政府特许权，一类想要适当扩大选举权和对议会席位加以有限度的重新分配，还有一些人继续支持全部的激进议会改革六点方案。改革者们还在如何争取公众支持他们观点的问题上产生了更大分歧，部分人只想着把更富裕和受教育程度更高一些的中产阶级网罗进支持者行列，还有一些人则想要寻求取得整个国家民众的支持。

辉格党是议会里的反对派，尽管他们对行政机关的专制和不断增长的政府腐败怨声载道，但他们对议会改革政策的支持却小心翼翼，极为谨慎。他们斥责院外激进派心怀叵测、误入歧途，试图通过激起公众义愤和抗议来威慑立法机关。因为他们在大部分时间里采取了一种巧妙的"无为"策略，所以在 1812 年改革诉求被拒之后，辉格党人并未受到冲击。首相斯宾塞·波西瓦尔（Spencer Perceval）在下院被刺身亡，卢德骚乱的暴力干扰以及欧洲大陆上戏剧性的军事发展，都使得议会的注意力不再集中于政治改革。尽管如此，议会中辉格党人不得不认清现实，假若他们想要确保获取议会的多数席位的话，他们现在所面临的紧要任务就是和激进派或进步派议员们合作。议会中的激进派议员不过只有二十来个人，

73

最杰出的是弗朗西斯·博迪托、托马斯·布兰德、塞缪尔·怀特布莱德(Samuel Whitbread)、塞缪尔·罗米利(Samuel Romilly)、亨利·布鲁厄姆(Henry Brougham)、科克伦勋爵(Lord Cochrane)、托马斯·克里维(Thomas Creevey)、彼得·莫尔(Peter Moore)、威廉·迈德克斯(W. A. Madocks)和 G. L. 沃德尔(G. L. Wardle)等人。这些人支持经济改革和适度的议会改革。1809 年，博迪托大力主张进行更频繁的选举、制定同等大小的选区规模，以及将选举权扩大到所有直接向国家、教会纳税或向穷人捐款的男性户主那里。博迪托这项动议被认为太过于激进，只获得了 12 票的支持。一年后，托马斯·布兰德拿出了一个更温和的提议。他的方案以相类方式扩大选举权，但仅只要求将一些衰败选区的席位重新分配给一些大的城镇。该议案得到了 115 位议员的支持，这是自 1785 年以来以及随后的许多年中所有关于改革的方案中所获得的最高支持。

在议会外，博迪托仍然被视为极端主义者，比如一些出版物像《爱丁堡评论》和利·亨特的《观察家》，以及像克里斯托弗·怀威尔这样的改革者，都持这样的看法；但也有更多的改革者被他说服。弗朗西斯·普雷斯以及很多威斯敏斯特激进分子们都十分赞同博迪托关于扩大中产阶级选举权，尤其是将选举权扩展至小商人、小店主和有独立财产的工匠中的观点。尽管普雷斯曾经是伦敦通讯社的早期成员，但现在他已经不再支持大众民主。不过，约翰·卡特赖特仍在鼓吹成年男性普选权，尽管他为了确保激进运动的团结一致偶尔不得不放弃原则妥协一下。威廉·科贝特和年轻的利·亨特则决定，一心落实一份十分激进的改革计划。这些激进事业

最重要的代言人们有一个共同点：都是惟我独尊的人。他们
的竞争野心、总是与人冲突的个性，导致他们极难在激进计
划上达成一致，或是找到一个将其付诸实践的最佳手段。

　　院外改革运动严重依赖于少部分激进分子如博迪托、卡
特赖特、科贝特和普雷斯等人的能量和宣传。遗憾的是，这
些议会改革的发言人没能设计出一个强有力的组织基础，以
募集群众的支持。他们最大的成功在于传播观点方面，主要
渠道则是单独的小册子，诸如《政治纪事报》和《政治家》(the
Statesman)这样的杂志，以及数量越来越多的同情激进观点
的地方报纸，例如《利兹信使报》、《莱斯特纪事报》、《谢菲尔
德信息报》、《约克先驱报》(York Herald)、《泰恩信使报》
(Tyne Mercury)和《诺丁汉评论》(Nottingham Review)。然
而就永久性政治组织来讲，激进派在此一时期的成就不如前
些年。一些辩论社团得以重建，也出现了几个短命的政治俱
乐部，但是，相较于18世纪90年代的激进社团来讲，只是
可怜兮兮的替代品。不过，一些较为完善的组织机构也开始
初露端倪。一开始，它们只是取得了有限的成功，但却也预
示了更好的前景。

　　1807年，包括弗朗西斯·普雷斯、约翰·里克特(John
Richter)、保罗·勒麦特(Paul Lemaitre)、威廉·亚当斯
(William Adams)、乔治·普拉(George Pullar)和塞缪尔·布
鲁克斯(Samuel Brooks)在内的大约二十个激进派活动家组成
了威斯敏斯特委员会(Westminster Committee)，支持博迪托
作为独立候选人参加选举，以对抗现存的议会党派候选人。
博迪托同意参加选举，但条件是他不投入资金，不去做竞选
游说，也不参加公开的竞选活动。作为一个家财万贯的显贵，

博迪托欲图与出身卑微的店主和商人们保持距离——而他们中有些是之前伦敦通讯社的成员，满希望能去操持他的选举。威斯敏斯特区是国内最大的国会选区，大约有 17000 名地方纳税人具有投票资格。这个选区太大，以至于无法实施贿选或者给选举施加确定的影响，因此该地区一直存在"独立"候选人的历史。虽然并没有正式的组织，但威斯敏斯特委员会的成员们决意代表有一点家财的小人物向拥有财富、地位和权势的精英阶层发起一场斗争。他们对横亘在威斯敏斯特贵族精英和和商人、店主之间的令人厌恶的社会和经济壁垒十分不满——要知道正是商人、店主的劳动满足了精英所需，委员们因之敦促威斯敏斯特的选民向这些被认为是人上人的精英们展示自己的独立性。尽管博迪托从来都不仅仅是作为商人利益的代表者来参加选举的，但威斯敏斯特委员会却想要建议甚至指导他如何做一个国会议员。委员会投入这场选战的资金有限，但他们以巨大的能量和令人印象深刻的效率游说拉票，争取到更多选民，弥补了资金的不足。借助于科贝特的《政治纪事报》，他们得以在整个选区内鼓吹其激进观念。选举的结果成绩非凡：博迪托高居榜首，另一位改革者科克伦勋爵荣获亚军。这是一次重要的突破，也是对未来难得的经验，但其他一些大的城市选区却没有紧随其后，取得类似的成就。而且，博迪托和科克伦勋爵既无精力，也无野心在下议院领导一个活跃的激进群体（Main，1966）。

伦敦的一些激进领袖人物也非常努力地在首都和其他地方建立更多的永久性政治社团。1811 年，托马斯·诺斯莫尔（Thomas Northmore）建议成立一个新的政治团体，取名"汉普顿俱乐部"（Hampden Club），专门致力于议会改革事业。

诺斯莫尔强调社团吸收有产男性加入的重要性，他还建议成员们应该具有与成为议员所要求的同等的财产资格。此举受到博迪托的鼓励，而为其友人约翰·卡特赖特所反对。卡特赖特对俱乐部会员推荐资格的排他性大加批判，也对持此资格进入俱乐部的会员是否能够真正投身于议会改革而心存疑虑。卡特赖特自己也支持了一个激进的议会改革纲领，并且希望这个改革平台能够稳获大众的普遍支持。1812 年春天，他终于加入汉普顿俱乐部，成为其中一员，可是 1812 年 6 月，为了促成一个作为汉普顿俱乐部竞争对手的政治社团，他辞去了在汉普顿俱乐部的职务。直到 1813 年 5 月，他才又重返汉普顿俱乐部，这一回为的是联合各种力量，去支持更加有限的议会改革。

在这期间，卡特赖特曾努力建立另一个激进社团。1812 年 6 月，他试图恢复最初由他于 1808 年创办的"议会改革之友委员会"(the Committee of the Friends of Parliamentary Reform)。现今，它被称为"依宪议会改革联合会"(Union for Parliamentary Reform according to the Constitution)，或者更简单地称作"联合社"(the Union Society)。这个协会寻求比汉普顿俱乐部更为激进的政治纲领，但它仍然没有致力于推动成年男性普选权，也不追求成为一个群众组织。它的政治诉求是，所有缴纳直接税的男子都有投票权，支持年度议会选举。由于协会每年征收 3 基尼的会员费，使得所有底层阶级民众都被排除在外。尽管威廉·科贝特、议员乔治·沃德尔和年轻的利·亨特都同意加入，但"联合社"还是由于没能争取到一百个赞助者而衰败下去。正是由于这次失败，再加上他开始产生杰出的激进分子小团体应该联合起来的信念，才促使卡特赖特重新加入汉普顿俱乐部。到1814年,卡特赖特已经赢得汉普顿俱乐部对他更为激进的改革计划的支持,但唯一的代价就是俱乐部成员数量锐减。1814年12月,只有三位成员参加了俱乐部的聚餐晚宴;到了1815年3月,俱乐部晚宴上竟只剩下卡特赖特一人形影相吊。

显然,伦敦还没有做好迎接激进社团复兴的准备,但卡特赖特将以他在地方上的成功展示未来发展之路。在首都的失败,使得卡特赖特转向了地方上的劳工大众。与大部分其他激进主义活动家都不同,卡特赖特此时已做好准备去信赖普通民众。他无疑是当时首都的激进分子中唯一一个走向乡村做竞选游说的人。1812年夏天,卡特赖特的首次巡访活动在曼彻斯特地区展开。这次活动尽管获得了几个朋友以及他的秘书托马斯·克利里(Thomas Cleary)的支持,但主要依靠他自己的资金及努力。他走访了一些工业制造中心,力图找到一些地方领导人,教会他们如何建立政治社团和地区委员会,如何利用媒体进行改革宣传,如何组织工人志愿者团体以赢得大众支持进行议会改革。经过这番努力,1812年10月,哈利法克斯成立了"联合社"的一个分会;之后两个月内,大约17000名当地民众在一份要求议会改革的请愿书上签名。卡特赖特的确鼓励了这一地区的激进活动,但从某种程度上来讲,他不过是向"早已皈依的对象传教"。这一区域一直就有政治激进主义的传统,曾经盛行过卢德骚乱,而枢密院令对棉纺工业的毁灭性打击也已经刺激起了复兴议会改革的愿望。1812年5月,一份来自普雷斯顿(Preston)的请愿书抗议政府对公共资金的支出过多;几天之后,曼彻斯特也举行集会,谴责对法战争花费巨大,几乎要毁灭国家,要求彻底进行议会改革。

有了最初的成功后，卡特赖特起草了一份请愿书文本，给那些没有向议会请愿经验的人做模板。他把它印了许多份，带着它们走上了1813年的第二次"传教"之旅，沿途散发。这次旅途花了29天，走了900英里，访问了不下34个城市居住区，莱斯特、赫德斯菲尔德、谢菲尔德、曼彻斯特、利兹、普雷斯顿、博尔顿、利物浦、斯托克波特、纽卡斯尔、伯明翰、格洛斯特（Gloucester）、布里斯托和雷丁等都包括在内。这是一项了不起的成就。虽然他没有时间亲自指导真正的请愿组织，但他与很多地方改革者建立了重要联系，还把一批已经印好的请愿书存储在对改革抱有同情的绅士、教士、商人、职业人士和受人尊重的零售商那里。卡特赖特声称他在1813年的这次行脚中征集了130000个签名，请愿支持要求赋予纳税户主选举权和年度议会选举。三万人在曼彻斯特请愿书以及其他请愿书上签名，这些请愿书来自大部分他曾经到访的地方（Miller，1968 and 1974）。

卡特赖特的努力在1815年后取得了最为丰硕的成果：这个时候，他将汉普顿俱乐部和联合社推广到中部工业地区和英格兰北部的大部分地区，而且为激进议会改革事业争取到了数量令人惊叹的大众支持者。他早期的宣传游历活动已经证明，公众对未经改革的投票制度及其政治、经济后果的不满日益增长。卡特赖特的经历有助于表明，严重的经济压力蕴含着可以被转化为巨大政治觉醒的潜力。1815年后，随着战争结束，法国不再对英国构成威胁，激进运动道路上的一个强大障碍物也得以消除。与此同时，一场严重的经济萧条促使公众重新把注意力集中于内部事务，并提出一项课题，将大众的不满聚焦于议会改革的诉求上来。1815 年之后，激进主义花繁叶茂，但我们要知道，它是建立在 19 世纪初期那些改革先驱们的成就基础上的——在没有那么好的光景里，他们一直坚持改革大业，使其活力永存。

附　录

不列颠及其意识形态十字军讨伐法国大革命

1789 年，大革命在巴黎的爆发无疑是法国历史上最重要的事件之一。对于整个欧洲而言，法国大革命也成为最具历史意义的事件。法国爆发的一系列事件激励了其他国家的改革者，同时法国人试图将他们的革命纲领传递给欧洲其他国家，并由此挑起了激烈而持久的战争，这一切对欧洲主要国家产生了重要影响。在英国，法国大革命激励了新的发展方向并且鼓励了已有的改革趋势，但同时它也验证着变革的阻碍。就法国大革命对于英国的影响而言，尤其值得注意的是它对于当时英国思想界气氛及议会内外的政治发展有着极为深刻且持久的影响。法国大革命后的十多年中，整个英国的文学、哲学及政治学所环绕的最重要议题就是"法国大革命"。最初，一些英国观察家并不确定该如何应对法国如此惊心动魄的革命事件，另外有部分人则试图保持中立。不过，对英吉利海峡对岸所发生的一系列事件发生了浓烈兴趣的人们，他们多数不是表现出高度积极正面的态度就是以极其负面的方式去看待它。这种持续递增的尖锐的两极观点，既催化出了激进的政治改革活动，也鼓励了确信法国革命纲领不会在英国土壤上扎根的忠诚的"反革命"（counter-revolution）的发展。因此，英国对于法国大革命出现了两极分化的的观点：

一部分人认为法国革命原则将给英国国内所需的改革带来很大希望；另一部分人则认为法国革命思潮会给英国带来动乱，如同法国内部一样出现恐怖的政治局面。①

　　法国大革命的早期阶段激发了如查尔斯·詹姆斯·福克斯（Charles James Fox）、威廉·华兹华斯（William Wordsworth）、威廉·布莱克（William Blake）和罗伯特·骚塞（Robert Southey）等许多英国自由思想家们的正面反应。众多政治激进分子如理查德·普赖斯（Richard Price）、托马斯·潘恩（Thomas Paine）和托马斯·哈代（Thomas Hardy）等人，也因法国事件的鼓舞而要在英国发动宪政改革。当法国革命原则迅速传播与法国战火的推进，激起了英国国内的保守反应与挑起对法战争之时，英国的自由派舆论反对国内镇压，同时也谴责被认为是对法国内政不必要的干涉的政治主张。当英国国内反动势力成功削弱宪政改革运动之时，一小部分不列颠和爱尔兰的激进分子开始密谋策划武装暴动，并在此种情况下，转向法国人，希冀求得法国的政治同情、革命鼓舞以及军事支持。

　　那些没有受到法国革命原则感染的英国人，他们的态度也随着时间变化而有所改变。最初，保守派相当乐意看到法国由于政治失序而导致国家力量逐渐衰微。但当大革命的理

①　For the contrasting views in Britain on the French Revolution, see H. T. Dickinson, "The Impact of the French Revolution in Britain", *Contemporary Review*, 255 (1989), 20−26; H. T. Dickinson, "Counter-revolution in Britain in the 1790s", *Tijdschrift Voor Geschiedenis*, 102 (1989), 354−367; H. T. Dickinson, *British Radicalism and the French Revolution 1789-1815* (Oxford, 1985); and the various essays in *Britain and the French Revolution 1789−1815*, ed. H. T. Dickinson, (London, 1989).

念与行动在法国全面展开，旧制度被成功倾覆，许多英国人这才益发焦虑起法国人所展开的暴力攻击，认识到它不但旨在推翻法国旧制度，而且也会打击到整个欧洲文明。对于许多保守派而言，他们最先也是最根本的忧虑在于法国革命原则将传播至法国边境线以外。尤其当目睹法国革命思潮已经摆好架势就要作用于英国自身的政治和社会秩序时，着实让他们大吃了一惊。众多保守派观点都不仅仅满足于支持镇压内乱以彻底击败激进分子对于政治变革的要求这一面。他们也准备拿起武器，与试图将革命输出到整个欧洲的法国力量奋然为敌。有一小部分保守派思虑更为深远。他们认为，一场仅旨在制止革命原则传出法国的防御战绝不可能有效地反击法国革命的威胁，必须将大革命思潮的癌细胞在源头就予以切除，也就是说要深入法国直捣黄龙。他们并不满足于单纯地谴责法国革命纲领，即使是在法国境外开展政治、军事行动来抵制激进的法国革命思想，也并不如其所愿。他们敦促对法国开展意识形态讨伐，直到革命思潮彻底地灭亡在它的诞生地。

一、法国革命信念的威胁

1789 年，英国保守舆论对于法国大革命的爆发，感到吃惊并且有点被震撼到了，但它尚未关注到革命对英国的意义。埃德蒙·柏克（Edmund Burke）写道："英格兰惊讶地盯着法兰西，看着它正在为自由而战，不知道是该谴责还是鼓掌！"①不过，外交大臣利兹公爵（Duke of Leeds）很高兴地看到英国最大的竞争对手——法国已遭致损害。② 甚至两年之后，威廉·伊登（William Eden）也公开承认："我由衷地憎恶也决不会支持这所谓的抽象民主体系；但我不确定法国人为了维系一个混乱、效率低下的政府正在持续斗争，难道不会对吾国的政治利益有利，能最好的确保吾国的永久繁荣。③ 1790 年初，埃德蒙·柏克在其《反思法国大革命》一书中试图警告英国舆论小心法国革命的威胁。但直到 1792 年，他对于法国大革命会威胁到英国的担忧才被英国人严肃对待。④ 确切地说，是 1792 年战争的爆发、九月大屠杀及路易十六被废黜（随后被送上断头台）系列事件发生，才使得英国保守派确信，法国大革命会严重威胁英国的政治稳定乃至整个欧洲的稳定。此后，革命进程的不断推进及暴力的蔓延，确证了英国人的担忧。一些保守主义者甚至开始相信法国人正在上演一场席卷整个欧洲文明的政治阴谋。

柏克与其他许多保守派的宣传家警告道：法国的新秩序是建立于最抽象的普世原则、最狂热的思辨推理之上的。法国人吁求的普世的、不可剥夺的自然权利，诉诸的自由、平

---

① *The Correspondence of Edmund Burke*, ed. T. W. Copeland et al (10 vols., Cambridge, 1958－1970), vi, 10. To the Earl of Charlemont, 9 Aug. 1789. Hereafter cited as *Burke's Corr*.

② John Ehrman, *The Younger Pitt* (London, 1983), ii, 4.

③ Historical Manuscripts Commission, *J. B. Fortescue Mss* (London, 1894), ii, 97. William Eden, Lord Auckland, to William Grenville, 13 June 1791.

④ F. P. Lock, *Burke's Reflections on the Revolution in France* (London, 1985), chap. 5.

等及博爱等抽象概念，已将他们置于太过依赖人类理性的危险之中。他们正在忽视神圣天命、人性弱点以及沉重的历史经验教训。法国的革命者们是基于社会分工与政治制度的形成乃是人类理性造物这一危险的错觉而行动的。一定要将这一有关人类理性的毫无根据的信念摈弃。人类必须认识到任何一个国家的社会和政治秩序的形成，部分地是神圣天命的创造物，部分地是历经数百年不断变化、适应调整及应对无数的突发事件汇集而成的产物。法国人不明智地否认了天命（the dispositions of God），同时也忽略了人本质上易犯错的弱点。他们对人类理性的过度自信，把人的意志拔高于宗教信仰、正义及历史经验之上，这样的结果就是使整个社会不可避免地迅速陷入无序混乱与无节制的恐怖之中。法国将走上独裁专制的统治道路，这会威胁到法国人民的自由与整个欧洲的稳定。

　　保守派的宣传家们不仅仅抨击法国革命的基本原理。他们反复警告，这些革命纲领已经导致了暴力和无节制的武装行动，如此无法无天的行为一定会带来灾难性的后果。柏克提到法国革命者时这样形容他们："放肆的、残忍的、野蛮群众"。① 约翰·鲍尔斯（John Bowles）将法兰西共和国描述为"有组织的无政府体系、无限制的放任自流"，② 阿瑟·扬（Arthur Young）这样总结法国革命："它已经给法国带来了更

---

　　① Edmund Burke, "An Appeal from the New to the Old Whigs", in *The Works of the Right Honourable Edmund Burke* (Bohn edition, 6 vols., London, 1854—1856), iii, 14. Hereafter cited as *Burke's Works*.

　　② John Bowles, *The Dangers of a Premature Peace* (London, 1795), p. 12.

深沉的不幸、贫穷和毁坏，以及越来越多的监禁和流血杀戮，甚至还会发生毁灭性的灾难。大革命在四年里对法国的破坏比旧制度在一个世纪里所做的还要多"。① 大众暴力已经使君主政体、贵族阶层、教会和法律体系本身开始恶化。它使所有的财产不再安全，也逐渐动摇了业已形成的社会从属关系的整体精神。法国大革命鼓舞穷人与弱者劫掠富人的财产，弃绝长久以来他们给统治精英表达的忠诚！它不是短暂的罪恶行为，而是"制造未来的手段，（如果未来是可能的）则它会导致诸多更坏的恶"。② 因此，法国大革命应被谴责为一个庞大的、吞噬一切的专制体系，它不但摧毁贵族阶级的特权，而且也会破坏整个法国经济的发展进程，毁掉穷人的生活。由于法国人追求过度的自由，致使他们从一个危机跌滚至另一个危机。他们先是毁了君主政治、贵族阶级、教会统治，然后就是摧毁了整个法律规则和司法体系。在一个由暴徒肆无忌惮地放纵意志的国家，无论是政府、私有财产还是社会层级都不会长期存在下去。

　　法国内部极度的暴力行动与反复的不稳定主要归咎于它当下的政治法则，此法则由无约束的人类意志所决定，不再顺应神意安排。在此种政治法则指导下，法国人背弃了真理、公正与美德，屈服于无德、背信弃义及肆意纵行。随之而来的必然结果并不是简单的对教会财产的攻击，而是对井然有序的宗教组织本身的猛然袭击。这是法国人首次被说服接受

---

① Arthur Young，*The Example of France*，*a Warning to Britain* (London，1793)，pp. 12—13.

② "An Appeal from the New to the Old Whigs"，*Burke's Works*，iii，13.

这样的法则：没有上帝，没有天堂，也没有地狱，以至于他们被教唆去相信，可以自由地犯下任何罪行。① 他们反对宗教的限制，拒绝圣经权威。他们的军人作为无神论使徒正在向全世界开拔：②"法国军人被教诲，大革命所反对的不是基督教的腐败形式；它反对的就是基督的圣名；它反对的就是上帝的最高统治；它反对的是那些人们铭记于心的法则。人们珍重那些法则，认为它在艰难中给人以宽慰，在困苦生活中给人以鼓励与指导，是心的力量与快乐的源泉。"③

　　法国大革命的所有不足之处越来越多地被归咎于雅各宾派。英国保守派宣传家们抨击雅各宾主义是一种"瘟疫"，一种"传染病"，是"危机"和"灾难"。④ 雅各宾派应对传播暴乱与政治不满，对向人民鼓吹政治平等法则的煽动性言论，对教唆人们蔑视宪法、反对宗教、轻视社会层级等行为与思想负责。埃德蒙·柏克形容雅各宾派是"一群绝望的无名的冒险家"⑤和"一帮武装狂徒，正在到处散播暗杀、盗窃、叛乱、欺诈、内讧、镇压及无信仰的思想"。⑥ 他也把雅各宾主义看

---

① Richard Watson, *An Address to the People of Great Britain* (London, 1798), pp. 29—30.

② William Vincent, *A Sermon ... Preached before the Associated Volunteer Companies* (London, 1799), pp. 14, 22.

③ George Hill, *Instructions Offered by the Present War, to the People of Great Britain* (Edinburgh, 1793), p. 23.

④ Emily Lorraine de Montluzin, *The Anti-Jacobins* 1798 — 1800 (London, 1988), p. 6. See also William Playfair, *The History of Jacobinism* (London, 1795).

⑤ "Remarks on the Policy of the Allies", *Burke's Works*, iii, 417.

⑥ "A Letter to a Member of the National Assembly", *Burke's Works*, ii, 529.

作是"一群深具创新能力的天才对其国家性质的反叛。① 神父
奥古斯丁·德·巴鲁尔（Augustin de Barruel）率先详尽地发展
了法国大革命是雅各宾派的阴谋产物这一概念，此概念在
1789 年前已由法国哲学家、共济会员及德国的光明会宣传
过，他们认为它是不道德法则的产物。② 1797 年，这个流亡
教士、历史学家写作了《雅各宾派历史回忆录》。该回忆录迅
速被译成英文，它猛烈地抨击了雅各宾主义并成功使很多人
放弃了对它的信仰。③ 富于战斗力的保守派旋即受到鼓舞而
创办了系列期刊如《反雅各宾派》、《反雅各宾评论》。约翰·
鲍尔斯经常在这些刊物上发表文章，谴责雅各宾主义是"谋
反。它反一切宗教、反一切君主制、反一切贵族阶级、反一
切法律、反一切投反对票的人、反对所有的政府及财产所有
权——总而言之，它反社会、反对已成形社会秩序下的一切
事物"。④

　　尽管英国的保守派对于法国大革命的影响感到震惊，但
正是雅各宾主义的后果对欧洲这个整体而言，尤其是在英国，

---

　　① "Letters on a Regicide Peace", *Burke's Works*, v, 207.

　　② See Emily Lorraine de Montluzin, *The Anti-Jacobins* 1798—1800,
pp. 16—17; and Bernard N. Schilling, *Conservative England and the Case
against Voltaire* (New York, 1950), pp. 218—277.

　　③ See, for example, John Robison, *Proofs of a Conspiracy against
All the Religions and Governments of Europe*, *Carried on in the*, *Secret
Meetings of Free Masons*, *Illuminati and Reading Societies* (London,
1797); and Rev. Lewis Hughes, *Historical View of the Rise*, *Progress and
Tendency of the Principles of Jacobinism* (1799).

　　④ John Bowles, *Reflections at the Conclusion of the War* (2nd edn.,
London, 1801), pp. 60—61. See also the "Portrait of a Jacobin" in Betty Ben-
nett, *British War Poetry in the Age of Romanticism*: 1793—1815 (New York,
1976), p. 162.

引发了严重的恐慌。根据埃德蒙·柏克的观点，"雅各宾派决心要摧毁世界上所有'老旧社会'（old Societies）的全部结构与肌理，按他们自己的样式重造新社会"。① 人们谴责法国人鼓吹要在新型纲领下建立一种新型政府，此新政府无法与现存的欧洲政治体系共存，或者说，它不能与任何一种社会文明体系共存。② 据称法国人自己也充分意识到了这一点，他们因此认识到，必须推翻欧洲所有现存政权，共和国才能得以生存和繁荣下去。雅各宾派也很清楚他们没有未来，除非是创建一个新的欧洲体系。③ 因此，他们的目标就是，通过发动世界革命而创造一个普世帝国。④ 正是这一方针，指导他们鼓励所有对欧洲合法政府的抵抗和反叛："他们不满足于颠覆自己的政府，新纲领的宣传家宣称反对尘世所有政府的战争已经开幕。他们誓言时刻准备着，去扶持每一个将要拿起武器反抗君主的臣民；他们对每一个但凡吸收他们理念的人敞开庇护的大门；他们派遣密使，从埃及到北极广泛散播纷争的种子。"⑤

---

① *Burke's Corr*., viii, 130. To William Smith, 29 Jan. 1795.

② "Thoughts on French Affairs", *Burke's Works*, iii, 349; and John Bowles, *The Dangers of a Premature Peace*, p. 14.

③ "An Appeal from the New to the Old Whigs", *Burke's Works*, iii, 10; *The Anti-Jacobin Review*, i (1798), 4−5; and the *British Critic*, xii (1798), 427.

④ "Letters on a Regicide Peace", *Burke's Works*, v, 304−305.

⑤ William Vincent, *A Sermon ... Preached before the Associated Volunteer Companies*, p. 20.

二、英国的意识形态运动

英国的大部分有产精英并不需要法国大革命来教导他们如何去敬畏激进的政治改革，或者说鼓励他们为自己的特权地位辩护。在法国大革命爆发之前很久，英国人已经显示出对于英国宪法优点的坚定信念及对于激进改革的坚决抵抗。社会上存在一个普遍的信念，那就是英国宪法很出色地平衡了自由与秩序的关系，所谓的大众民主政治将会引起社会的混乱，也会危及私有财产的安全。人们通常认为有产之人拥有权威所需的教育、闲暇、经验以及社会财富，与之相反，穷人通常是懒惰、无知、固执的人，他们"轻易就成为蛊惑民心的煽动家的'猎物'"。因此，在国家政治中，否定穷人的政治行动角色是无可非议的，不过，政府应精心维护他们的公民自由。

法国大革命一旦被当作对英国国内激进运动的主要刺激物，并且它一旦被认为会对现存体制构成暴力威胁，英国的保守派思想就不可避免地害怕它的影响并且要制止它的发展。埃德蒙·柏克是最早认识到法国革命纲领会蔓延开的人，主张从根本上抵制革命纲领，因为它会给英国本土带来直接和惊人的威胁。1790 年，他公开表明："事实上，我的目标不是法国，首要考虑的，唯有吾国。"[①]在《反思法国大革命》(1790)一书中，他承认："吾之关怀惟是吾国之和平。"[②]他竭

---

① *Burke's Corr.*，vi，141. To Charles-Alexandre de Calonne，25 Oct. 1790.

② "Reflections on the Revolution in France"，*Burke's Works*，ii，284.

力提请读者警惕英国的激进派们已经对社会构成了威胁,尤其要注意理查德·普赖斯,因他已受蛊惑,相信法国正在为人类的自由注入了新的活力。[①] 到 1792 年,柏克对于法国大革命对英国的影响更加恐惧起来。他告诫威廉·格伦维尔(William Grenville)注意法国革命纲领的威胁:"按照那些革命纲领的特性与实践方式来分析,如果它没有绝对的必然性,是不会在法国社会中倡导开来的。依此类推,在不遥远的未来,它也一定会颠覆英国宪法体系。"[②]

1790 年,人们普遍认为柏克对于法国大革命的担忧是夸大其词的,甚至有人认为他因恐惧而有些错乱。但到 1792 年末,一大波积极的保守派宣传向英国人袭来,他们警告英国人注意法国大革命的威胁,尤其要注意英国国内被革命光辉蒙蔽的追慕激进的人的威胁。资深的宣传家们如威廉·佩里(William Paley)、威廉·科萨克·史密斯(William Cusac Smith)、罗伯特·内雷斯(Robert Nares)、弗朗西斯·普罗登(Francis Plowden)、萨缪尔·霍斯利(Samuel Horsley)、理查德·海(Richard Hey)以及约翰·里夫斯(John Reeves)都纷纷加入柏克战线,力图阻止激进宣传的扩散,极力抵抗法国革命纲领的传播和影响。这些保守派的理论家们警告道,法国事件已经清楚地表明,如果不抵制这些危险的理念,它们将摧毁已建立的教会与国家体系,消泯社会层级,破坏社

---

① Burke's Reflections were, in large measure, a reaction to Richard Price's celebrated lecture to the Revolution Society on 4 November 1789. This lecture, *A Discourse on the Love of Our Country*, with its radical and pro-French Revolution sentiments, was published early in 1790 and went through six editions before the end of the year.

② *Burke's Corr.*, vii, 219. To Grenville, 10 Sept. 1792.

会和谐与正义，煽动无产者来掠夺社会上层的财产。他们谴责激进派奠基于普世的、不可剥夺的天赋人权概念和人民主权论的政治主张，强调现存的社会政治秩序因其实用性、道德性，合乎自然法则、历史经验及早先惯例而被证明是正当合理的。①

这些保守理论家们精妙的论点毫无疑问产生了效果，它削弱了英国有产精英阶层对于法国纲领的思想兴趣，但它更加务实、名副其实的动机是要将英国大众转化成富有战斗精神的效忠派，决心捍卫现有体制和传统价值观，抵制国内激进分子与法国革命者的威胁。在抵制法国革命的宣传战中，保守派出版的刊物总量远远超过激进派的出版物。为了让下层阶级接受其观点，他们以表达明晰、意图明确的风格写作这些宣传手册，并大量发行。② 1795 年到 1798 年间，由汉娜·莫尔（Hannah More）和她的合作者执笔的道德训诫故事《便宜小智库》（*Cheap Repository Tracts*），共发行了两百多

---

① J. C. D. Clark, *English Society* 1688—1832 (Cambridge, 1985), pp. 199—276; Ian R. Christie, *Stress and Stability in Late Eighteenth-Century Britain* (Oxford, 1984); H. T. Dickinson, *Liberty and Property* (London, 1977), pp. 270—318; J. A. W. Gunn, *Beyond Liberty and Property* (Kingston and Montreal, 1983), pp. 164—93; and Thomas Philip Schofield, "Conservative Political Thought in Britain in Response to the French Revolution", *Historical Journal*, 29 (1986), 601—22.

② Gayle Trusdel Pendleton, "English Conservative Propaganda during the French Revolution, 1789—1802", unpublished Ph. D. thesis (Emory University, U. S. A., 1976), pp. 160—71; and Gayle Trusdel Pendleton, "Towards a Bibliography of the Reflections and Rights of Man Controversy", *Bulletin of Research in the Humanities*, 85 (1982), 65—103.

万册。① 这些故事书被大量购买，成批运往陆军部队、海军基地、学校、医院、济贫院、监狱及各类工作场所。尽管这不是直接参政，但很清楚，这些手册就是用来劝诫穷人们接受现有社会秩序，放弃任何激进变革要求的。英国上下各类效忠派组织也分发了成千上万的政治宣传手册，如《威廉·阿什赫斯特爵士控告米德尔塞克斯大陪审团》（Sir William Ashurst's Charge to the Grand Jury of Middlesex）（1792）；威廉·琼斯（William Jones）创作的约翰·牛家庭通信集系列作品；西奥多·普赖斯（Theodore Price）以笔名约伯·诺特（Job Nott）创作的各类流行手册。② 保守派也利用各类报纸和期刊持续抨击法国革命信条。伦敦的《星报》《太阳报》《真正英国人》《观察家》等都发表了很多效忠派观点。地方报刊也将类似的观点刊登出来，如《约克报》（York Courant），《利物浦凤凰报》（Liverpool Phoenix）、《曼彻斯特信使报》（Manchester Mercury）、《莱斯特杂志》（Leicester Journal）、《纽卡斯尔报》（Newcastle Courant）、《苏格兰信使报》（Caledonian Mercury）等。效忠派的期刊包括《旁观者》（The Looker On）、《战斧》（The Tomahawk）、《英国批评家》（British Critic）、《反雅各宾》（Anti-Jacobin），而其中最成功的期刊是《反雅各宾评论杂志》（Anti-Jacobin Review and Magazine）。保守派的各类出版物几乎囊括了所有可以表达政治观点的载体，如诗集、流行

---

① Susan Pedersen, "Hannah More Meets Simple Simon: Tracts, Chapbooks, and Popular Culture in Late Eighteenth-Century England", *Journal of British Studies*, 25 (1986), 84—113.

② Robert Hole, "British Counter-Revolutionary Popular Propaganda in the 1790s", in *Britain and Revolutionary France: Conflict, Subversion and Propaganda*, ed. Colin Jones (Exeter, 1983), pp. 53—69.

民谣、小说以及政治漫画。① 甚至有种更为广泛的宣传，即隶属于各个宗教团体的英国教士们，将成千上万的政治布道辞（而且经常是以印刷成文的形式）传播给每个人。②

效忠派蓄意设计的宣传刊物主要针对中下层民众，这些刊物的写作风格简洁但语调慷慨激昂，为的是引起民众强烈的反响。几乎所有这些出版物都在以英国公民所享有的社会福利与法国人正在经历的政治恐怖形成鲜明对比。他们努力要表明的是，追随法国大革命的样板，并不仅仅是贵族精英阶层蒙受巨大损失。从表面看，法国统治阶级可能是大革命最明显的牺牲品，但数以百万计的法国普通公民更是政治动荡、社会混乱和军事侵略的受害者。倘若英国的中下层阶级被法国革命纲领所诱导或者试图跟随法国革命的步伐，那他们不会得到任何的好处反而会蒙受巨大损失。法国大革命的理念、体制与支持者的处境与维护英国社会、政治秩序者相

① H. T. Dickinson, "Popular Conservatism and Militant Loyalism 1789—1815", in *Britain and the French Revolution*, ed., H. T. Dickinson, p. 110; Marilyn Butler, *Jane Austen and the War of Ideas* (Oxford, 1975), pp. 88—123; Betty T. Bennett, *British War Poetry in the Age of Romanticism*: 1793—1815; and Herbert M. Atherton, "The British Defend Their Constitution in Political Cartoons and Literature", in *Studies in Eighteenth Century Culture*, II, ed. Harry C. Payne (Madison, Wisconsin, 1982), pp. 3—31.

② Nancy Uhlar Murray, "The Influence of the French Revolution on the Church of England and Its Rivals, 1789—1802", unpublished D. Phil thesis (Oxford University, 1975), pp. 44—79, 108—109, 122—123, 212—307; John Walsh, "Methodism at the End of the Eighteenth Century", in *A History of the Methodist Church in Great Britain*, eds. Rupert Davies and Gordon Rupp (London, 1965), i, 303—308; and Deryck Lovegrove, "English Evangelical Dissent and the European Conflict 1789—1815", in *Studies in Church History*, xx (1983), 266.

比是不利的。

保守派对比法国的政治动乱的各种宣传就是为了表明，稳定的英国政府保护私有财产、保有社会自然区隔以及抑制人自私自利和过度热忱的本性是必要的。政府的建立不应依照一些抽象的法则与纲领来作为评判标准（像法国那样），而应该依照它的有益影响、服务社会的能力、满足代际相承的社会需求来做评判。评估任何一个特定的政体，对其实用性、便利性和经验的考量远比纯粹的理论重要得多。尤其对于英国宪政而言，它是一个非常复杂的有机体，并不容易被重塑，也不应该随意被转变。法国人强调的平等也必须予以拒斥，因为人类在身体条件与智力层次方面的不平等是不证自明的。所以人可以拥有不同数量的财产、享有不同级别的权利，这既顺其自然也不可避免。不平等实际上是自然的，也是天命。上帝用贫富之别来回报勤勉惩治懒惰，只有不受约束的穷人才希望通过攻击现有的社会秩序而从中获利。如果应用外力强制消弭人与人之间自然的社会区隔，那么社会各阶层包括勤勉的穷人都要遭受苦难。① 法国社会的无序状态似已证明这一观点。

既然人类依自然天性拥有不同数量的财产，既然建立政府的首要责任是保护个人私有财产，那么保守派宣传家要论证的所有观点就是人不可能如法国政治诉求宣称的那样，依

---

① See, for example, *A Serious Caution to the Poor* (London, 1792); William Paley, *Reasons for Contentment*, *Addressed to the Labouring Part of the British Public* (London, 1793); *Advice to Sundry Sorts of People, by Job Nott* (London, 1792); and *A Few Plain Questions and a Little Honest Advice to the Working People of Great Britain* (London, 1792).

自然和不可让与的权利而在国家体系中享有平等。正是因其财产的多寡人才被赋予了权力的，最富裕的贵族阶级因此拥有了与其财富相匹配的政治影响力。富裕之人显然更可能具有可靠的判断力、丰富的学识和行为能力来统率他人。所以只要坚守财产决定等级与权力分工的自然法则，英国举世闻名的宪政原则与英国人所珍视的公民自由权利就能得以存续。尽管现存的选举体系有众所周知的违规行为，但这一体系发展出的下议院是由选举产生的，它代表着国家的最高权力与合法利益，它比起法国的任何一个立法机构都更有效。既然在议会里能有一席之地的都是最富有、最出色的人，那么他们怎么被选举出来并不那么重要。的确，保守主义者一直坚信英国得益于它的政治体系，而在整个体系中，被代表的不是个人而是财产。阿瑟·扬不是唯一一个对国家提出警告的，他说："从法国经验推断得出的主要结论，要用大写写就，让人读，那就是：若人被代表，则财产将被毁灭（IF PERSONS ARE REPRESENTED，PROPERTY IS DESTROYED）。"[1]如果公民权被彻底扩大，那么英国的议会就会像法国国会一样被一群贪权图利的恶意阴谋家蜂拥占据。就像法国那样，他们将把有产者踢到一边，篡夺他人财产，强行抹平人类社会中所有的自然区隔。法国现代民主以人民主权论为纲，逐渐损毁社会层级，破坏了政治稳定。因其感染力，英国的激进主义者正处于引领一群处在脆弱社会秩序边缘的无知、无

---

[1]　Arthur Young，*The Example of France，a Warning to Britain* (London，1793)，p. 44 note.

产者释放自由意志走法国道路的危险中。①

　　大量保守派宣传家们力图清晰阐释英国的混合型政府以及完美的制约与平衡的均衡宪法体系给国家带来的益处。这一体系因其有能力代表国家一切重要领域诸如经济、宗教、社会、教育等各个方面的利益，而尤其受到赞赏。他们谴责那些攻击宪政的激进党人是头脑不灵光、坏心眼的家伙。他们总是被拿来和法国雅各宾派做对比，也被刻画为野心勃勃、蛊惑人心，嫉妒统治精英阶层得到的荣誉与正当财富的阴谋家。只有那些无所事事、放荡闲混的英国人才会被法国革命信条鼓舞和诱骗，他们尽是些窃贼、骗子、醉汉和无产的社会乞丐。英国雅各宾派的目标就这样被蓄意歪曲，他们所采信的理念后果也被过度夸大。议会改革被描述为通向法国式革命的第一步，它将导致君主政体和贵族政治的瓦解。他们谴责攻击政治特权是袭击私有财产、抹平所有社会区隔的前奏。激进派正在狂热地争取人的平等权利，它必然效仿法国，同时也会导致富人财产被掠夺，并毁了穷人生活。② 为了适用法国革命纲领，他们必定要斥责上帝对尘世的安排。此亵渎行为的唯一后果就是造成社会混乱与暴民统治，如同法国那样。为了还击此类威胁，无数的布道辞与宗教手册印制出来，告诫现存的社会阶层都应该接受宗教的约束，教导勤劳

---

　　① Sir William *Ashurst's Charge to the Grand Jury of Middlesex* (London，1792)；*A Few Plain Questions to the Working People of Scotland* (Edinburgh，1792)，pp. 8－9，11；*The Englishman's Catechism* (London，1792)；and *Thoughts on the New and Old Principles of Political Obedience* (London，1793)，p. 32.

　　② *Facts，Reflections，and Queries，Submitted to the Consideration of the Associated Friends of the People* (Edinburgh，1792)，p. 28.

的穷人们要培养节制、节俭、勤勉、顺从与谦恭的美德。让他们知晓能给他们指导和安慰的是宗教而非政治变革。尽管穷苦的人无法期待在现实世界中获得巨大物质满足，但他们会在天堂得到嘉奖。① 这样的结果显然比法国如今所收获的否定宗教信仰的社会更可取。

三、抗击法国革命纲领之战

英国政府以及时的调度、坚定的决心和充沛的精力来努力阻止颠覆性的法国革命纲领在英国的传播。1792 年 5 月和 11 月分别发布的王室公告，在于敦促地方行政官员控制具有颠覆性言论的文献的传播并及时扑灭激进风波。1792 年末与 1793 年初，保皇派组织在英国上下迅速地扩展开来，政府虽然没有建立相关的组织，但是它一定鼓励支持了保皇派的行动，而保皇派的组织确实对于抑制激进运动起到了重要作用。② 威廉·皮特（William Pitt）政府也开始镇压激进派组织的运动，这些组织受法国大革命鼓舞在 18 世纪 90 年代初期

---

① Susan Pedersen, "Hannah More Meets Simple Simon: Tracts, Chapbooks, and Popular Culture in Late Eighteenth-Century England", *Journal of British Studies*, 25 (1986), 84—113.

② For loyalist activities see Robert R. Dozier, *For King, Constitution, and Country: The English Loyalists and the French Revolution* (Lexington, 1983); H. T. Dickinson, "Popular Conservatism and Militant Loyalism 1789—1815", in *Britain and the French Revolution* 1789—1815, ed. H. T. Dickinson, pp. 103—125; and H. T. Dickinson, "Popular Loyalism in Britain in the 1790s", in *The Transformation of Political Culture: England and Germany in the Late Eighteenth Century*, ed. Eckhart Hellmuth (Oxford, 1990), pp. 503—533.

非常活跃。镇压很有效，许多激进派领导人被逮捕，之后不是被监禁就是被流放。与此同时，老百姓的日常活动也由一系列镇压措施而受到严格压制。英国不可能建立自己的"恐怖统治"，但是为了粉碎内部颠覆的威胁，它也必然会冷酷无情地行动。① 从另一方面来看，英国政府已经清晰地认识到法国事件与英国国内激进运动的内在联系，但是它并不打算干涉法国内政也没准备向法国发动战争来抵制大革命的威胁。尽管如此，英国最终还是卷入了与新建立的法兰西共和国长期的激烈冲突之中。就是因为 1792 年这场战争，它确实驱使更多的英国激进保守派人士相信，务必要彻底从源头拔除法国革命纲领这个毒瘤。

在法国大革命初期，英国的大臣们曾流露出希望法国这个历史悠久的对手能因内乱而削弱它的竞争力的心愿。甚至到 1792 年 2 月末，威廉·皮特本人还是相信，法国革命实际上有助于增进长久和平的愿景。② 1792 年年末，当奥地利计划介入法国内乱时，英国政府拒绝支持"反革命"的行动，并且发布官方声明，宣布保持中立。因为法国革命军队在各条战线上的卓越战绩，才促使英国政府在几个月之内重新考量保持中立的真正利益所在。南尼德兰被侵占并且联合省也受

---

① For a recent assessment of the extent of the government's repressive measures, see Clive Emsley, "An Aspect of Pitt's Terror: Prosecutions for Sedition during the 1790s", *Social History*, 6 (1981), 155 – 184; and Clive Emsley, "Repression, 'Terror' and the Rule of Law in England during the Decade of the French Revolution", *English Historical Review*, 100 (1985), 801 – 825.

② William Cobbett, *The Parliamentary History of England*, xxix (1816), 826.

到威胁。接着，法国国民公会于 1792 年 11 月 19 日，正式发布《博爱与互助法令》，宣称向各国愿意争取自由平等的人民提供援助。英国这才开始恐慌，既担忧法国会破坏到欧洲整体势力的均衡，又害怕法国有意对其邻国输出革命。可以肯定的是，英国最初只关心法国将吞并南尼德兰区以及对联合省的征服。① 1792 年 12 月 31 日，英国政府宣布它"将不再漠不关心地坐视法国直接或者间接地使她自己成为低地国家的君主，或者是整个欧洲的权利与自由女神"。② 然而整个英国的保守派观点更担心的是来自扩张的法兰西共和国的意识形态上的威胁。当 1793 年 2 月战争爆发以及整个 90 年代，更多的宣传手册都在强调发动一场"反革命"之战的需要，它并非是为重现欧洲势力均衡之所需。③

英国一向法国宣战，大量的仇外和反高卢主义的宣传就随之而来，要知道，反高卢主义曾是英国社会一个长期的特征。反复宣传的内容是，自 17 世纪后期起，法国一直企图普世的统治，致使英国为了保卫她的宪政、她的贸易以及欧洲的势力均衡而卷入了一连串代价高昂的战争。正是法国人鼓励了斯图亚特王室奉行危险的天主教政策，也正是法国人支

---

① T. C. W. Blanning, *The Origins of the French Revolutionary Wars* (London, 1986), pp. 131—159; and Michael Duffy, "British Policy in the War against Revoiutionary France", in *Britain and Revolutionary France*, ed. Colin Jones, pp. 11—26.

② William Cobbett, *The Parliamentary History of England*, xxx (1817), 255.

③ Gayle Trusdel Pendleton, "English Conservative Propaganda during the French Revolution, 1789—1802", pp. 176, 407—414, 442—448; and Nancy Uhlar Murray, "The Influence of the French Revolution on the Church of England and Its Rivals, 1789—1802", pp. 28—35.

持了詹姆斯二世党人的叛乱，他们还煽动了美国革命。法国
已经用武装暴力掀翻了自己国家的政体，现在它正威胁着整
个欧洲，屠杀、镇压及荒芜即将在欧洲蔓延。因此，每一个
有爱国心的英国人都应该起而战斗，反抗法国公开的敌意或
者秘密险恶的行动。如果他们要保卫自己所珍爱的一切自由，
那就必须时刻做好牺牲的准备。法国人最初被刻画成嗜血和
无法无天的恐怖分子，后来则被刻画为残酷的军事侵略者。
当法国入侵了瑞士，甚至派兵侵入埃及并威胁英国领土的时
候，许多之前曾是大革命的崇拜者们这时都加入意识形态运
动的行列共同讨伐法国的军事侵略。英国危难之际，只有忠
诚和团结，才能从法国革命纲领及武装侵略的灾祸中保卫自
由、财产及宗教信仰。①

　　支持对法战争的洪流般的宣传手册，坚定地宣扬英国正
在试图捍卫"欧洲的公民自由，反对即将毁灭一切的暴政"，②
尤其要护卫英国已建立的政治、社会秩序。这场战争被视为
必需，因为它是为了"保卫现存能使人民享有安全与繁荣，保

---

　　① See, for example, *The Alarm*, *Being Britannia's Address to Her People* (London, 1793); [William Jones,] *One Penny-Worth More* (London, 1793); *Ten Minutes Reflection on the Late Events in France* (London, 1793); *An Antidote against French Politics* (London, 1793); [Rev. Dr. Hawkes,] *An Appeal to the People of England*, *on the Subject of the French Revolution* (Bath, 1794); George Hill, *Instructions Afforded by the Present War*, *to the People of Great Britain*; and R. B. Nickolls, *The Duty of Supporting and Defending Our Country and Constitution* (York, 1793). On the reaction to Napoleon's threat to Britain, see *The Warning Drum. The British Home Front Faces Napoleon*, eds. Frank J. Klingsberg and Sigurd B. Hustredt (Los Angeles, 1944); and Betty T. Bennett, *British War Poetry in the Age of Romanticism*: 1793—1815.

　　② *British Critic*, xii (1798), 552.

有国家自由与独立的宪政"。① 它同时是"一场保卫个人财产
的战争",② 也是为了捍卫这个国度使其"远离混乱、革命、
暗杀与掠夺"。③ 的确,这场战争有别于之前单纯为了保卫或
获得财富,或者均衡欧洲势力的竞赛:"为了民族的存亡,我
们拿起武器。为了保卫宗教信仰我们抵制无神论;为了维持
正义和安全我们抗击普遍的掠夺;为了护持人性我们拒斥野
蛮和残忍;是为了正常的社会秩序;是为了合法的自由权利;
是为了使文明社会的公民有别于强盗或野蛮人。英国之剑已
经出鞘,为了上帝与我们的国家,为了捍卫我们自己的生活、
我们的家庭和所有我们的一切而战。"④

　　一般说来,英国政府和保守派的政治主张首要关心的是
抵制法国革命的蔓延之势,但也有一些讨论,即是否需要对
敌开展意识形态之战以在法国境内根除革命。英国政府一向
关注法国革命对打破整体欧洲均衡造成的影响,但也意识到
正是法国的内政使法国自身处于危险境地。他们认识到,是
革命造就了活力充沛、富有进攻性的法国;正是法国人力图
输出的革命信条试图颠覆她敌人的体制;正是法国体制跟她
对手体制相左,才为寻求尽如人意的和平制造了困难。基于
此,亨利·邓达斯(Henry Dundas)承认,终结法国的无序,

---

　　① George Hill, *Instructions Afforded by the Present War*, *to the People of Great Britain*, p. 6.

　　② William Vincent, *A Sermon … Preached before the Associated Volunteer Companies*, p. 10.

　　③ Rev. William Agutter, *An Address to Every Subject on the Late Important Victories* (London, 1798), p. 3.

　　④ Thomas Hardy, *Fidelity to the British Constitution*, *the Duty and Interest of the People* (Edinburgh, 1794), pp. 33—34.

建立一个政府是相当重要之事，此政府要能"保卫其人民之普遍利益，使其免受该国前几年施行原则所必然导致的暴虐后果之害"。① 对威廉·格伦维尔(William Grenville)来说，瓦解法国大革命就是捣毁"那个向全欧洲传播革命信条颠覆所有文明社会……的老巢"，② 而对乔治三世来讲，英国的胜利可以被看成"上帝明示的为了正义的干涉，是为了摧毁圣言的敌人，是为了所有国民的福祉"。③

这些态度都鼓励了英国政府支持波旁王朝在法国的复辟。英国政府还提供资金用以支持流亡的波旁王室，但它小心地避免承认普罗旺斯伯爵为法国国王。由于法国保皇党人为联盟事业开展了必要的军事行动，并可协助英国削弱法国共和政体的力量，因此英国为法国保皇党人提供了明显的军事优势和经济的支持。不过英国大臣们很快发现，支持保皇党是一项极富争议的政策，它有时会产生适得其反的效果。保皇派肯定不能以自身的力量取得胜利，而英国的援助又很有限，并且经常延误。但英国依然向法国西部提供源源不断的资助来支持反抗大革命的运动，一直持续到 1800 年。④

威廉·格伦维尔很可能是最坚定的反法国大革命的政府内阁要员，他很支持法国波旁王朝复辟，但是他依然认为完

---

① British Library. Loan 57/107. Dundas to Richmond，8 July 1793.

② Public Record Office. Foreign Office Papers. FO 72/27. William Grenville to St. Helens，9 Aug. 1793.

③ The Letters of George Ⅲ, ed. Bonamy Dobrée (London，1935)，p. 256.

④ W. R. Fryer, *Republic or Restoration in France*? 1794 — 1797 (Manchester，1965); Harvey Mitchell, *The Underground War against Revolutionary France* (Oxford，1965); and Maurice Hutt, *Chouannerie and Counter-Revolution* (2 vols.，Cambridge，1983).

全重归旧政体并不可行也非适当。他认可大革命的爆发是由于旧制度的极度不公而导致，承认如果完全重返旧制度，很容易引起另一场革命。他认为最好的解决办法是剔除旧制度的恶习，建立一个参照英国模式的有限君主或君主立宪政体。这样，法国君主的权力无疑要受代议制体系的限制。但从另一方面来讲，格伦维尔和他的内阁同僚们极其反对法国自1789年以来的几乎任何变革。他们尤其不能接受法国对于君主、教会及流亡人员财产的掠夺。因此，他们认为任何形式的充公财产都应该被归还。总体而言，对于法国应该建立何种新政体，英国政府并没有阐释清楚。但有一点很明确，就是认定如果没有有产阶级与法国全体人民的支持，那永不会有稳定的新政体。所以根本任务是团结法国人一致抵抗大革命的极端行为，支持建立有限君主制，具体的宪法形式可留待日后再细作打算。①

　　当然，像这样的解决方案只能证明其不切实际的一面。英国政府充分联系实际认识到，必须放弃将推翻法兰西共和政体作为此番战争的目标之一。多数内阁成员准备在法国内部寻找任意一种稳健的政权，打算与之协商共建和平。几乎没有英国人打算为复辟法国君主制而死战。当然也不排除有少数例外情况。少数激进的保守党人仍然绝对支持战争，一再游说英国必须发动一场"反革命"运动来推翻法兰西共和国及大革命的纲领。埃德蒙·柏克、威廉·温德姆（William Wendham）和约翰·鲍尔斯（John Bowles）是最大声疾呼这一

---

　　①　Michael Duffy，"British Policy in the War against Revolutionary France"，in *Britain and Revolutionary France*，ed. Colin Jones，pp. 14—16.

战略的人,不过,一个保皇复辟派仍然得到成打宣传手册和一些报纸期刊如《泰晤士报》《真正英国人》的支持。①

尤其是埃德蒙·柏克,长期致力于讨伐雅各宾主义。他深信干涉法国内政的正当合理,因为法国大革命是如此这般地威胁到了整个欧洲文明:"我们正在与一种政治体制作战,就其本质而言,此政体对其他所有政府都造成危害,它制造和平或者造就战争。但无论是和平还是战争,都服务于它的颠覆目的。用它那种武装斗争学说来看,我们正处在战争中。"②因此,对于来自法国的威胁不得不以攻击的形式予以反击:"我细思,只有发动对雅各宾派和雅各宾主义的全面战争,才是我们将欧洲从可怕的革命中拯救(而英国是欧洲的一分子)出来的唯一可能之途。"③在某处,他又写道:"我只有一个指导方针,就是消灭法国的雅各宾主义,同样它也是当下政治军事事业中唯一有价值之事。"④如此坚定的信念支持他力促英国人民支持反法国的正义而又必需之战。他不相信法国人可以自救:"如果要治愈那些疯子,就必须像对其他疯子一样,先制服他们。"⑤尽管柏克强烈支持联合流亡分子及其他保皇党共同抗敌,他确信并没有机会在法国国内取得"反革命"的胜利。雅各宾主义必须从外部被粉碎,而这只能由一

---

① Gayle Trusdel Pendleton, "English Conservative Propaganda during the French Revolution, 1789—1802", pp. 411, 414.

② "Letters on a Regicide Peace", *Burke's Works*, v, 164.

③ *Burke's Corr.*, vii, 437. To the Duke of Portland, 29 Sept. 1793.

④ Ibid., vii, 517—518. To Loughborough, 12 Jan. 1794.

⑤ "A Letter to a Member of the National Assembly", *Burke's Works*, ii, 529.

个强有力的欧洲"反革命"联盟来达成。① 但他否认对法国普通民众本身有任何敌意，他只是力促英国用尽全力将法国的雅各宾主义连根拔掉。这是一场殊死战："你们是敌人，要么屈服，要么征服，只有一个选择。如果剑已从你手脱落，那敌人的屠刀就会将你的喉咙穿透。对雅各宾主义，没有中间道路，没有权宜之计，没有妥协可言。"②

约翰·鲍尔斯与柏克观点一致，认为法兰西共和国绝不可能与欧洲其他政府共存，他也进行了长期的宣传攻势，以赢得更多对法之战的支持。他坚称法国正试图推翻欧洲所有的君主制，这些政权别无选择，只有发动战争来抵制法国革命。③ 只要法国在雅各宾理念统治下，和平就不可能获得。他谴责那些没能意识到法国威胁程度的人们："（他们）只考量了法国的武装力量，却忽略防范大革命的思想资源，是这些思想壮大了法国的实力，同时也暴露了他们的缺陷。他们只顾对付法国军队，却似乎从来没有深入法国军人的思想深处与法国的纲领作战。"④ 在鲍尔斯看来，只有终止大革命，恢复法国君主制，和平才能再现。⑤ 他也意识到，英国不可能将某种政体形式强加给法国，但她一定要成立一个坚实、稳

---

① "A Letter to a Member of the National Assembly", *Burke's Works*, ii, 529; and *Burke's Corr.*, vii, 167. To the Abbe de La Bintinaye, 3 Aug. 1792.

② *Burke's Corr.*, viii, 104. To William Windham, 30 Dec. 1794.

③ John Bowles, *The Real Grounds of the Present War with France* (2nd. edn., London, 1793), p. 21; and John Bowles, *The Dangers of a Premature Peace*, pp. 13—14.

④ *The Anti-Jacobin Review*, i (July 1798), 28.

⑤ John Bowles, *Reflections at the Conclusion of the War*, p. 9.

定、永久和可靠的政府。① 只有古老的波旁王朝有点像能实现这些目标的样子。

埃德蒙·柏克同样希望法国政府能够"没有例外尽可能地"恢复"此前的基础"。② 他想要复辟波旁王朝、恢复贵族阶级统治地位并归还他们全部被没收的财产。他还想要严厉惩处雅各宾派，但他并不期望恢复旧制度中的每一个特征。专制主义与强权政治的复辟既不能建立一个稳定的政府，也不能实践法治的真谛。只有有限君主制才能造福社会，但此类君主政体需要有活力的贵族阶级与教会复兴来支持。法国的新政体也需要从法国人民那里获取信心。③

极富战斗力的保守派们，如埃德蒙·柏克和约翰·鲍尔斯，虽然他们富有热情、决心及献身精神，但最终他们并没有说服政府采信其观点，当然，他们未能在 18 世纪 90 年代实现他们最珍贵的希望。尽管皮特明确地表明英国没有能力支付柏克所热衷的战争，威廉·格伦维尔作为外交部长最终仍然认同柏克的信念——英国确实要与法国大革命决一死战。但是格伦维尔担心持久的战争会带来无尽的痛苦并且结果也不确定。1797 年，他在论述法国大革命威胁的性质与程度时写道："无望全面根治。邪恶已经深深扎根于欧洲各个国家的政治体制中，因为法国大革命的胜利，它势力大增，甚至全面的'反革命'行动也无法与之抗衡。恐怕可以预见下个世纪

---

① John Bowles, *Objections to the Continuance of the War Examined and Refuted* (2nd edn. , London, 1794), pp. 71−72.

② *Burke's Corr.* , vii, 389. To the Comte de Mercy-Argenteau, c. 6 Aug. 1793.

③ Ibid. , vi, 317, 414, 423. To Richard Burke, 5 Aug. and 26 Sept. 1791; and to the Chevalier de La Bintinaye, 2 Oct. 1791.

让人忧心的是宪政与政府形式之战，是君主政体、贵族统治与民主政治之间的斗争，正如此前若干世纪是宗教之战与领土扩张导致的战争一样。"①

---

① William Wickham, *Correspondence of William Wickham* (2 vols., London，1870)，ii, 6.

参考文献与延伸阅读

Barrel, John 2000: *Imagining the King's Death*: *Figurative Treason*, *Fantasies of Regicide 1793-1796*. Oxford: Oxford University Press.

Bartlett, Thomas (ed.) 2003: *1798*: *A Bicentenary Perspective*. Dublin: Four Courts Press.

Baxter, J. L. and Donnelly, F. K. 1974: 'The Revolutionary "Underground" in the West Riding: Myth or Reality?', *Past and Present*, 64, 124-132.

Baylen, J. O. and Gossman, N. J. (eds) 1979: *Biographical Dictionary of British Radicals*: *Volume 1*, *1770-1830*. Brighton: Harvester Press.

Bennett, Betty T. 1976: *British War Poetry in the Age of Romanticism 1793-1815*. New York: Garland Publications.

Bewley, Christina 1981: *Muir of Huntershill*. Oxford: Oxford University Press.

Bindman, David 1989: *The Shadow of the Guillotine*: *Britain and the French Revolution*. London: British Museum.

Birley, Robert 1924: *The English Jacobins from 1789 to 1802*. Oxford: Oxford University Press.

Black, E. C. 1963: *The Association: British Extraparliamentary Political Organization, 1769-1793*. Cambridge, Mass: Harvard University Press.

Bohstedt, John 1983: *Riots and Community Politics in England and Wales, 1790-1810*. Cambridge, Mass: Harvard University Press.

Booth, Alan 1977: 'Food Riots in the North-West of England 1790-1801', *Past and Present*, 77, 84-107.

Booth, Alan 1983: 'Popular loyalism and public violence in the northwest of England, 1790-1800', *Social History*, 8, 295-313.

Booth, Alan 1986: 'The United Englishmen and Radical Politics in the industrial north-west of England', *International Review of Social History*, 31, 271-297.

Brown, P. A. 1965: *The French Revolution in English History*. London: Frank Cass. Reprint of 1918 edn.

Butler, Marilyn 1984: *Burke, Paine, Godwin, and the Revolution Controversy*. Cambridge: Cambridge University Press.

Calhoun, Craig 1982: *The Question of Class Struggle: Social Foundations of Popular Radicalism during the Industrial Revolution*. Oxford: Blackwell.

Cannon, John 1973: *Parliamentary Reform 1640-1832*. Cambridge: Cambridge University Press.

Christie, I. R. 1984: *Stress and Stability in Late Eighteenth-Century Britain*. Oxford: Clarendon Press.

Claeys, Gregory 1989: *Thomas Paine: Social and Political*

Thought. London: Unwin Hyman.

Claeys, Gregory 1995: *Political Writings of the 1790s*. 8 volumes. London: Pickering and Chatto.

Claeys, Gregory 2007: *The French Revolution Debate in Britain: The Origins of Modern Politics*. Basingstoke: Palgrave Macmillan.

Coats, A. V. and MacDougall, P. (eds.)2011: *The Naval Mutinies of 1797: Unity and Perseverance*. Woodbridge: Boydell.

Cobban, Alfred (ed.) 1960: *The Debate on the French Revolution 1789-1800*. London: A. & C. Black. 2nd edn.

Collins, H. 1954: 'The London Corresponding Society', In John Saville (ed.), *Democracy and the Labour Movement*. London: Lawrence and Wishart, 103-134.

Cone, Carl B. 1968: *The English Jacobins*. New York: Scribners.

Cookson, J. E. 1982: *The Friends of Peace: Anti-war Liberalism in England, 1793-1815*. Cambridge: Cambridge University Press.

Cookson, J. E. 1997: *The British Armed Nation 1793-1815*. Oxford: Clarendon Press.

Curtin, Nancy 1994: *The United Irishmen: Popular Politics in Ulster and Dublin, 1791-1798*. Oxford: Oxford University Press.

Darvall, F. O. 1934: *Popular Disturbances and Public Order in Regency England*. London: Oxford University Press.

Davis, M. T. (ed.) 2002: *London Corresponding Socie-*

ty，*1792-1799*. 6 volumes. London：Pickering and Chatto.

Dickinson，H. T. 1977：*Liberty and Property：Political Ideology in Eighteenth Century Britain*. London：Weidenfeld and Nicolson. Methuen paperback，1979.

Dickinson，H. T. （ed.）1982：*The Political Works of Thomas Spence*. Newcastle upon Tyne：Avero Publications.

Dickinson，H. T. （ed.）1989：*Britain and the French Revolution 1789-1815*. Basingstoke：Macmillan.

Dickinson，H. T. 1994：*The Politics of the People in Eighteenth-Century Britain*. Basingstoke：Macmillan.

Dickinson，H. T. 2011：'Thomas Paine and His British Critics'，*Enlightenment and Dissent*，27，19-82.

Dickinson，H. T. （ed.）2013：*Ireland in the Age of Revolution 1760-1805*. Volumes 4-6. London：Pickering and Chatto.

Dickson，David，Keogh，D. and Whelan，K. （eds.）1993：*The United Irishmen：Republicanism，Radicalism and Rebellion*. Dublin：Lilliput Press.

Dinwiddy，J. R. 1971：*Christopher Wyvill and Reform 1790-1820*. York：Borthwick Institute of Historical Research. Borthwick Papers No. 39.

Dinwiddy，J. R. 1973：'The "Patriotic Linen Draper"：Robert Waithman and the revival of radicalism in the City of London，1795-1818'，*Bulletin of the Institute of Historical Research*，46，72-94.

Dinwiddy，J. R. 1974：'The "Black Lamp" in Yorkshire 1801-1802'，*Past and Present*，64，113-123.

Dinwiddy, J. R. 1975: 'Bentham's Transition to Political Radicalism, 1809-1810', *Journal of the History of Ideas*, 36, 683-700.

Dinwiddy, J. R. 1979: 'Luddism and politics in the northern counties', *Social History*, 4, 3-63.

Dinwiddy, J. R. 1980: 'Sir Francis Burdett and Burdettite Radicalism', *History*, 65, 17-31.

Donnelly, F. K. and Baxter, J. L. 1975: 'Sheffield and the English Revolutionary Tradition 1791-1820', *International Review of Social History*, 20, 398-423.

Dozier, Robert R, 1983: *For King, Constitution and Country: The English Loyalists and the French Revolution*. Lexington: University Press of Kentucky.

Elliott, Marianne 1977: 'The "Despard Conspiracy" Reconsidered', *Past and Present*, 75, 46-61.

Elliott, Marianne 1982: *Partners in Revolution: The United Irishmen and France*. London: Yale University Press.

Elliott, Marianne 2012: *Wolfe Tone*. Livepool: Livepool University Press.

Emsley, Clive 1978: 'The London "Insurrection" of December 1792: fact, fiction or fantasy?' *Journal of British Studies*, 17, 66-86.

Emsley, Clive 1979a: 'The home office and it sources of information and investigation 1791-1801', *English Historical Review*, 94, 532-561.

Emsley, Clive 1979b: *British Society and the French Wars 1793-1815*. London: Macmillan.

Emsley, Clive 1981: 'An Aspect of Pitt's "Terror": prosecutions for sedition during the 1790s', *Social History*, 6, 155-184.

Fennessy, R. R. 1963: *Burke, Paine and the Rights of Man*. The Hague: Martinus Nijhoff.

Freeman, Michael 1980: *Edmund Burke and the Critique of Political Radicalism*. Oxford: Blackwell.

Gahan, Daniel 1995: *The People's Rising: Wexford 1798*. Dublin: Gill and Macmillan.

Gee, Austin 2003: *The British Volunteer Movement 1794-1814*. Oxford: Clarendon Press.

George, M. Dorothy 1927-1929: 'The Combination Laws Reconsidered', *Economic History*, a supplement to *The Economic Journal*, 1, 214-228.

George, M. Dorothy 1959: *English Political Caricature: A Study of Opinion and Propaganda 1793-1832*. Oxford: Oxford University Press.

Gill, C. 1913: *The Naval Mutinies of 1797*. Manchester: Manchester University Press.

Ginter, D. E. 1966: 'The Loyalist Association Movement of 1792-1793 and British Public Opinion', *Historical Journal*, 9, 179-190.

Goodwin, Albert 1979: *The Friends of Liberty: The English Democratic Movement in the Age of the French Revolution*. London: Hutchinson.

Gough, Hugh and Dickson, David (ed.) 1990: *Ireland and the French Revolution*. Dublin: Irish Academic Press.

Graham, Jenny 2000: *The Nation, the Law and the King: Reform Politics in England 1789-1799*. 2 volumes. Lanham, Maryland: University Press of America.

Halévy, Elie 1972: *The Growth of Philosophic Radicalism*. London: Faber and Faber. Reprint of 1934 ed.

Hammond, J. L. and B. 1979: *The Skilled Labourer*. London: Longman. Reprint of 1920 ed.

Hampsher-Monk, Iain 1979: 'Civic Humanism and Parliamentary Reform: The Case of the Society of the Friends of the People', *Journal of British Studies*, 18, 70-89.

Handforth, P. 1956: 'Manchester radical politics, 1789-1794', *Transactions of the Lancashire and Cheshire Antiquarian Society*, 66, 87-106.

Harris, Bob(ed.)2005: *Scotland in the Age of the French Revolution*. Edinburgh: John Donald.

Harris, Bob 2008: *The Scottish People and the French Revolution*. London: Pickering and Chatto.

Harvey, A. D. 1978: *Britain in the Early Nineteenth Century*. London: Batsford.

Hawke, David Freeman 1974: *Paine*. New York: Harper and Row.

Hole, Robert 1983: 'British Counter-revolutionary Popular Propaganda in the 1790s', In Colin Jones (ed.), *Britain and Revolutionary France: Conflict, Subversion and Propaganda*, Exeter: University of Exeter, 53-69.

Hone, J. Ann 1982: *For the Cause of Truth: Radicalism in London 1796-1821*. Oxford: Oxford University Press.

Jewson, C. B. 1975: *The Jacobin City: A Portrait of Norwich in Its Reaction to the French Revolution 1788-1802*. London: Blackie.

Jones, Colin 1983: *Britain and Revolutionary France: conflict, Subversion and Propaganda*. Exeter: University of Exeter.

Klingsberg, F. J. and Hustredt, S. B. (eds) 1944: *The Warning Drum: The British Home Front Faces Napoleon*. Los Angeles: Williams Andrews Clark Memorial Library.

Knight, Frida 1957: *The Strange Case of Thomas Walker*. London: Lawrence and Wishart.

Laprade, W. T. 1909: *England and the French Revolution, 1789-1797*. Baltimore: Johns Hopkins University Press.

Locke, Don 1980: *A Fantasy of Reason: the life and thought of William Godwin*. London: Routledge & Kegan Paul.

Lottes, Günther 1979: *Politische Aufklärung und plebejisches Publikum: zur Theorie und Praxis des englischen Radikalismus im späten 18 Jahrhundert*. Munich: R. Oldenbourg Verlag.

McCalman, Iain 1988: *Radical Underworld: Prophets, Revolutionaries and Pornographers*. Cambridge: Cambridge University Press.

McFarland, E. W. 1994. *Ireland and Scotland in the Age of Revolution*. Edinburgh: Edinburgh University Press.

McCord, N. and Brewster, D. E. 1968: 'Some Labour Troubles of the 1790s in North East England', *International Review of Social History*, 13, 366-383.

McDowell, R. B. 1940: 'The Personnel of the Dublin Society of United Irishmen, 1791-1794', *Irish Historical Studies*, 1, 12-53.

McKenzie, L. A. 1981: 'The French Revolution and English Parliamentary Reform: James Mackintosh and the *Vindiciae Gallicae*', *Eighteenth-Century Studies*, 14, 264-282.

Main, J. M. 1966: 'Radical Westminster, 1807-1820', *Historical Studies (Australia and New Zealand)*, 12, 186-204.

Marshall, Peter H. 1984: *William Godwin*. London: Yale University Press.

Meikle, H. W. 1969: *Scotland and the French Revolution*. London: Frank Cass. Reprint of 1912 edn.

Miller, N. C. 1968: 'John Cartwright and radical parliamentary reform 1808-1819', *English Historical Review*, 83, 705-728.

Miller, N. C. 1974: 'Major John Cartwright and the Founding of the Hampden Club', *Historical Journal*, 17, 615-619.

Mitchell, Austin 1961: 'The Association Movement of 1792-1793', *Historical Journal*, 4, 56-77.

Money, John 1977: *Experience and Identity: Birmingham and the West Midlands 1760-1800*. Manchester: Manchester University Press.

O'Gorman, F. 1967: *The Whig Party and the French Revolution*. London: Macmillan.

Osborne, John W. 1972: *John Cartwright*. Cambridge: Cambridge University Press.

Pakenham, T. 1968: *The Year of Liberty: The Great Irish Rebellion of 1798*. London: Hodder & Stoughton.

Patterson, M. W. 1931: *Sir Francis Burdett and His Times 1770-1844*. 2 vols. London: Macmillan.

Philp, Mark 1988: *Godwin's Political Justice*. London: Duckworth.

Philp, Mark 1991: *The French Revolution and British Popular Politics*. Cambridge: Cambridge University Press.

Poole, Steve (ed.) 2009: *John Thelwall: Radical Romantic and Acquitted Felon*. London: Pickering and Chatto.

Prochaska, F. K. 1973: 'English State Trials in the 1790s: A Case Study', *Journal of British Studies*, 13, 63-82.

Rapp, Dean 1982: 'The Left-Wing Whigs: Whitbread, the Mountain and Reform, 1809-1815', *Journal of British Studies*, 21, 35-66.

Roberts, Michael 1939: *The Whig Party 1807-1812*. London: Macmillan.

Rose, R. B. 1960: 'The Priestley Riots of 1791', *Past and Present*, 18, 68-88.

Royle, E. and Walvin, J, 1982: *English Radicals and Reformers 1760-1848*. Brighton: Harvester Press.

Seaman, A. W. L. 1957: 'Radical Politics at Sheffield, 1791-1797', *Transactions of the Hunter Archaeological Society*, 7, 215-228.

Schofield, Philip 2006. *Utility and Democracy: The Political Thought of Jeremy Bentham*. Oxford: Oxford University Press.

Smith, A. W. 1955: 'Irish Rebels and English Radicals 1798-1820', *Past and Present*, 7, 78-85.

Spater, George 1982: *William Cobbett: The Poor Man's Friend*. 2 vols. Cambridge: Cambridge University Press.

Smyth, Jim 2000: *Revolution, Counter-Revolution and Union*. Cambridge: Cambridge University Press.

Speck, W. A. 2013: *A Political Biography of Thomas Paine*. London: Pickering and Chatto.

Spence, Peter 1996: *The Birth of Romantic Radicalism: War, Popular Politics and English Radical Reformers, 1800-1815*. Aldershot: Scholar Press.

Stern, Walter M. 1964: 'The Bread Crisis in Britain, 1795-1796', *Economica*, 31, 168-187.

Stevenson, J. 1971: 'The London "Crimp" Riots of 1794', *International Review of Social History*, 16, 40-58.

Stevenson, J. 1974: 'Food Riots in England 1792-1818', In J. Stevenson and R. Quinault (eds), *Popular Protest and Public Order*, London: Allen & Unwin, 33-74.

Stout, G. D. 1949: *The Political History of Leigh Hunt's Examiner*. Saint Louis: Washington University Press.

Thale, Mary (ed.) 1983: *Selections from the Papers of the London Corresponding Society 1792-1799*. Cambridge: Cambridge University Press.

Thomas, D. O. 1977: *The Honest Mind: Thought and Work of Richard Price*. Oxford: Oxford University Press.

Thomis, M. I. 1970: *The Luddites: Machine-Breaking in Regency England*. Newton Abbot: David & Charles.

Thomis, M. I. and Holt, P. 1977: *Threats of Revolution in Britain 1789-1848*. London: Macmillan.

Thompson, E. P. 1968: *The Making of the English Working Class*. Harmondsworth: Penguin Books.

Todd, Janet T. 2000. *Mary Wollstonecraft: a revolutionary life*. London: Weidenfeld and Nicolson.

Tomalin, Claire 1974: *The Life and Death of Mary Wollstonecraft*. London: Weidenfeld & Nicolson.

Veitch, G. S. 1965: *The Genesis of Parliamentary Reform*. London: Constable. Reprint of 1913 edn.

Vincent, Emma 1994: 'The Responses of Scottish Churchmen to the French Revolution, 1789-1802', *Scottish Historical Review*, 73, 191-215.

Wall, Maureen 1965: 'The United Irish Movement', In J. M. McCracken (ed.), *Historical Studies*, London: Bowes & Bowes, 5, 123-140.

Wallas, Graham 1951: *The Life of Francis Place 1771-1854*. 4th edn, London: Allen & Unwin.

Wells, Roger 1977a: *Dearth and Distress in Yorkshire 1793-1802*. York: Borthwick Institute of Historical Research. Borthwick Papers, No. 52.

Wells, Roger 1977b: 'The revolt of the south-west: a study in English popular protest', *Social History*, 6, 713-744.

Wells, Roger 1983: *Insurrection: The British Experience 1795-1803*. Gloucester: Alan Sutton.

Wells, Roger 1987: *Wretched Faces: Famine in Wartime England*, 1793-1801. Gloucester: Alan Sutton.

Western，J. R. 1956：'The Volunteer Movement as an Anti-Revolutionary Force，1793-1801'，*English Historical Review*，71，603-614.

Wharam，Alan 1992：*The Treason Trials*，*1794*. Leicester：Leicester University Press.

Williams，Gwyn A. 1968：*Artisans and Sans-Culottes*：*Popular Movements in France and Britain during the French Revolution*. London：Edward Arnold.

索　引

译后记

　　傅雷对待翻译的态度非常严肃认真。杨绛回忆说他在一次翻译会议上拈出诸多翻译实例，一一指出谬误严苛批评，完全忘记例句也是有主人的，不但大家下不来台，甚至气得一位老翻译家大哭。杨绛懂傅雷，理解他的耿介。不过，她的宽厚有她自身的经验做底子，而我在这本小册子翻译过程中的部分经验竟与之相重合，不免对其宽厚心生感激。杨绛说："把西方文字译成中文，至少也是一项极繁琐的工作。译者尽管认真仔细，也不免挂一漏万；译文里的谬误，好比猫狗身上的跳蚤，很难捉拿净尽。"译事不易，已是共识。这本薄薄的小册子我竟然断断续续用了一年多的时间来翻译，每隔一段时间拿出译文来看看就汗流浃背一回，直到再也躲不过 deadline 才冒险携带着捉拿不尽净的虱子跳蚤示人。

　　这种紧张并非全然来自语言使用的障碍。今天人们可以仰赖各种语言资讯工具，某种程度上跨越交往障碍，从此地到达彼地。但正如陆谷孙所言，翻译是借助于书籍、词典一类的桥梁工具，从一种文字出发"抵达"另一种文字的旅行。然而，无论工具多么精良，真正的"抵达"都非易事。在语言思想史上曾经一度流行一个假设，人们猜测地球人与外星人曾经对话，希腊语、阿拉伯语和拉丁语之间的转译是他们的对话语言。但是，史家杰里·本特利(Jerry Bentley)与航海学家本·芬尼(Ben Finney)合作，研究了欧洲人与玛雅人相遇后的情况，发现这两个毫不相干的语族间交流极为困难。他们据此指出，上述假设的历史前提是错误的。这个结论揭示出，语言的差异其实是附着并潜藏在词汇、语法背后的文化差异。语言塑造我们的思维习惯，表达了我们观察、沟通、理解世界的方式。在这个意义上，译者犹如上古巫师沟通天地般，要尽可能精确传递彼此的信息，前提是他自己首先要艰辛勘察语言的两端。

在我看来，史学研究著作的翻译更是需要经由三层转换才有可能达到深度的沟通。史家的研究本身就是一种"翻译"。他向文献与遗存提问，并依据它们的特殊"语法"去理解它们，力图重新回到现场，理解往昔，这是"翻译"的第一层次。第二层次是译者对史著所依据的史料的理解与翻译。通常认为，针对一段史料，只要依据正确的语法、逻辑，辨识出词汇在语境中的意义，然后将文句的意思用译者的本土语言明白晓畅表达出来，即是不错的翻译。然而实际情况可能稍有不同。如果译者对史料的理解与史家的理解有所偏差，便会背离史家在第一层次上的"翻译"。比如，本书中有一段材料：

The equality insisted on by the friends of reform is AN EQUALITY RIGHTS...The inequality derived from labour and successful enterprise, the result of superior industry and good fortune...

语言工具书告诉我们，"industry"有"工业""产业"，也有"勤勉"的含义。如果我们按照语法惯例与词汇的常用含义，轻易地将其理解为"工业""产业"，通常就会将"superior industry"译成"优势产业"之类。但回到历史现场来看，这段材料出自 1792 年，"industry"在当时的涵义与用法并不同于今天。雷蒙·威廉斯（Raymond Henry Williams）在《关键词》中清晰梳理了该词汇含义的历史演变过程，指出今天它所具有的"工业"及其衍生涵义是在 19 世纪以后才发展起来的。因此，这一词汇在 1792 年的用法并不是指"工业""产业"，而是那时用得更为普遍的"勤勉"之义。这就要求译者不但要翻译"语句"，还需要回到历史现场，如此才能在史料的层次上展开与著述者的对话，以达成更为准确的理解。

最后，翻译是否能表达原作意思，本土语言能否像原作语言一样表示和传达各种信息，既取决于译者对语言结构的正确掌握，也取决于译者对该著作乃至史家本人的理解。我在翻译这本书的时候，常常很困惑，纠结于对某个词汇、某段文字或者某个术语的直译或者意译。有时，在某种程度上，意译更明白晓畅，也更能表现译者的理解水平，但为了尽可能传达史家选择该词汇或者术语的原意，我便生生采取僵硬的直译。比如，在论证伦敦通讯社对下层社会的影响时，我将该句翻译成："并没有什么证据表明，通讯社曾做过多少努力，去吸引非熟练工或者赤贫之人"；而非更晓畅的译法："并没有什么证据表明，通讯社曾对非熟练工或者赤贫之人有多大的吸引力"。在我看来，后者虽然表达清晰，但只是对知识和信息的提炼。前者虽然不够通俗，但"做努力"与"去吸引"却表达了一种动态的过程，既传递出史家构建历史现场的努力，也还原了历史自身的动态图景。又如"class"一词，大约在 18 世纪 70 年代到 19 世纪 40 年代，它开始具有了现代意涵，指涉特别的社会阶层，尤其当 19 世纪之后，随着工业革命的兴盛，它成为描述"阶级"的固定名词。因此对"middle class"这一描述社会地位的术语，我也考虑再三，最终选择了两种译法：当它指涉 19 世纪之前的社会群体时，我选择用"中等阶层"，而指涉 19 世纪之后的社会群体及其运动时我采用"中产阶级"。

尽管有以上的努力，我仍然不敢确信自己在多大程度上理解并传递了史料和原著的意涵。但这本著作是值得译介的。丹尼尔·罗什曾说："要想了解启蒙运动时期的法国，首要的是研究英国的思想和文化"。因为"不与别的国家比较，就不可能理解法国或任何其他国家"。除了"对文本的比较"之外，我们也需要了解大量社会交往，"必须研究在社会关系领域内出现的实实在在的交流，而不光是思想领域内的交流"。这个论断不但对理解"启蒙运动时期的法国"有效，实际上对理解当代中国和世界同样有效，尤其当激进主义在今天世界范围内再一次兴盛之时，英国的历史经验或许可以为我们观察、思考自身所处的时代提供珍贵的经验证据。

哈里·狄金森教授在其长达六十年的史学职业生涯中，一直致力于将对政治精英与中等阶层、社会下层政治的研究结合起来，将对政治行动与政治理念、信仰的研究结合起来。狄金森教授将这种路径称为"人民政治"（Politics of the People）研究，它关注的是中下等阶层民众的政治理念与政治行动。这本著作探索的既是行动又是理念，也包括了政治精英与群众在大革命危机与 1793—1815 年英法战争中所扮演的角色。这是英国政治体系所面临的又一次巨大危机。爱尔兰已经在尝试革命，英国也正走近革命之途。这场危机还导致保守思想家跟激进思想家之间爆发了一场有关意识形态的声势浩大的辩论。英国历史上也曾有过此类思想论战，譬如17世纪中期内战期间的论战，但这一次的规模还要巨大。这便是本书的主题。它是狄金森教授的早期作品，不过此次中译，作者在原有基础上增加了一些史料与新的研究结论，同时附录一篇新近完成的论文，以便读者更好地了解当时英国国内对法国大革命的反应。另外，此次中译版，我们还为本书添加了一些人物肖像图和当时流行的政治讽刺画，来加强论证效果与阅读感受。

本书所选插图分为两种类型。一类是肖像画，共八幅。他们是书中提到的、也是当时最重要的几位人物，分别是埃德蒙·柏克、托马斯·潘恩、威廉·科贝特、弗朗斯希·博迪托、约翰·卡特赖特、理查德·普赖斯、西奥博尔德·乌尔夫·托恩，还有 幅爱尔兰激进主义者的群像。

第二类图像是十二幅政治讽刺漫画，均选自著名漫画家詹姆斯·吉尔雷的画作。

写到这里，终于到了可以画上句号的时候。这本小书的翻译见证了我这一年多来高浓缩的生命经验。一如既往，我感激生命中所经历的一切。感谢哈里·狄金森教授给予我的信任与友谊。他所践行的史家志业令我感佩，对我个人在问学之路上的提携与帮助更将是我终生宝爱的记忆。这本小书虽薄，却也凝聚着人间至诚感佩的情谊。每当我懈怠、拖延，情绪失控无法工作时，是外子王东杰的不断鼓励令我重拾信心继续往前；当译完全书之后，也是他与我一道朗读译文，以最大可能确保译文的通达晓畅。我还感念每一个给我温暖致意的朋友，倘列成一张表单，则将是长长的一串人名。在这些人名中，他们诸位不得不提：王亚兰、王晓玲姐妹是我这一年新近结识的朋友，她们与我一同陪伴狄金森教授在蓉的时光，与狄金森教授结下深厚情谊；杨晓敏是我多年好友，每当我遇到问题，她总是第一个给我抚慰，让我安心；蔡军剑、吴孜祺、李思磐、赵灿鹏与我相交数年，总是以其智识与热诚给我最大的鼓励与信心；好友王曼力在这本小书的翻译过程中帮我查找资料、梳理词汇，助我顺畅翻译，我们在2008年地震中结下友谊，这些年里共同度过许多艰难时刻，难以忘怀。他们不知道这种情感慰藉让我多么感激。有时候人生途中友情来了也会走了，朋友聚了也会散了，无论世界如何流动，当时的温暖会永驻心间。

感谢北京师范大学出版社谭徐锋、潘永强先生及诸位同仁，是他们专业、热忱的鼓励与帮助，才有此书的面世。

辛旭

2016 年 4 月 21 日

图书在版编目(CIP)数据

英国激进主义与法国大革命：1789－1815 /（英）哈里·狄金森著；辛旭译. —北京：北京师范大学出版社，2016.7（2018.3重印）

（法国大革命史译丛）

ISBN 978-7-303-21264-4

Ⅰ.①英⋯　Ⅱ.①哈⋯　②辛⋯　Ⅲ.①法国大革命－研究　Ⅳ.①K565.41

中国版本图书馆 CIP 数据核字(2016)第 215585 号

营 销 中 心 电 话　010-58805072　58807651
北师大出版社学术著作与大众读物分社　http://xueda.bnup.com

YINGGUO JIJINZHUYI YU FAGUO DAGEMING

出版发行：北京师范大学出版社 www.bnup.com
　　　　　北京市海淀区新街口外大街 19 号
　　　　　邮政编码：100875
印　　刷：北京京师印务有限公司
经　　销：全国新华书店
开　　本：730 mm×980 mm　1/16
印　　张：12.75
字　　数：155 千字
版　　次：2016 年 7 月第 1 版
印　　次：2018 年 3 月第 2 次印刷
定　　价：45.00 元

策划编辑：谭徐锋　　　　　　责任编辑：谭徐锋　潘永强
美术编辑：王齐云　　　　　　装帧设计：王齐云
责任校对：陈　民　　　　　　责任印制：马　洁